お金が欲しい!!!

パンダ渡辺
Panda Watanabe

年収300万円だった
僕が1年で
月収300万円を
稼げるようになった
ネット術

あさ出版

はじめに

こんにちは。パンダ先生こと、パンダ渡辺です。

本書のタイトルを目にし、手に取っていただいたあなたは、まず間違いなく、

『お金が欲しい！！！』

お金に興味があり、お金持ちになりたいと思われている方だと思います。

そんな皆さんは（中には違う方もいるかもしれませんが……）、お金持ちと聞いて何を連想するでしょうか？

もともと僕は日給月給で働く年収３００万円足らずの労働者でした。そんな僕が当時お金持ちに抱いていたイメージは、豪華な家に住んでいて、いい時計をし、いい車に乗り、キレイなお姉ちゃんにモテモテ。そんなマンガに出てくるようなものでした。

そしてお金持ちになった今、僕は、海を見下ろす高層マンションに暮らし、高級な時計を十数本所有していますし、あまり運転もしないのに、ランボルギーニ

を2台所有しています。
キレイなお姉ちゃんにモテているかどうかは、内緒ですが、まさにかつてイメージしていたマンガのような環境の中で生活を送っています。

お金はあらゆる面で質の高い生活を保障してくれますし、お金があれば何だってできます。

当たり前のようですが、本当に何でもできるのです。
そんな僕が大切にしているものってなんだかわかりますか?
豪華な住まいでしょうか?
超高級な腕時計や車?
それともお金そのもの?
「はい、その通り」。どれも正解です。
ただ〝一番〟大切にしているものと言われると、どれも不正解です。

これは僕だけの話ではないのですが、お金持ちが一番大切にしているのは、お金持ちになる過程で得た、お金を稼ぐ様々な能力や考え方です。

その能力や考え方がある限り、たとえば今、お金がなくなったとしても、僕はもう一度同じようにお金を稼ぐことができます。

先に挙げたようなお金やその他の大切なものは、その能力や考え方を持った人が、結果として得たものでしかありません。


こう言ってしまうと、「その能力やら考え方を身につけるのが大変なんじゃん」という声も聞こえてきそうです。

ただ、本書でこれからお話しすることになる、お金持ちになるための能力や考え方と、それを身につけ、お金に換えていく方法は、その気になりさえすれば誰にでもできることばかりですので、ご安心ください。


第1章では、僕の小学校時代から、職業を転々とし、日給月給の生活からネットビジネスを始め、成功するまでの過程を紹介しています。まさにこんな僕でもできたのだから、そう思ってもらえたらと思って書きました。

続く第2章では、僕がお金持ちになる過程で感じた成功するために絶対欠かせない6つの武器について説明します。これはお金持ちの方々が共通して持っている能力についての話でもあります。

次の第3章では、あなたが実際にネットビジネスを始める際に必要なファンづくりやそれをお金に換えていくための具体的なお話です。

僕が1年もかからず月収を数十倍に増やし、お金持ちになることができたのも、一人でも多くのファンを増やし、僕のメッセージをなるべく多くの人に届くようにすることができたから。この章を読めば、結果はともかく明日にでもネットの世界であなたの力を試すことができるようになります。

そして最終の第4章では、お金持ちであり続けるための心の持ち方、つまりマインドについてお伝えします。

「お金持ちになること」よりも「お金持ちでい続けること」のほうが実は難しいことなのかもしれません。そのためにもこのマインドを持っておくことはとても重要なことだと思います。

この本で紹介しているノウハウは、僕がお金持ちになる過程で、すべて自分が感じ、考え、獲得してきたものです。

ただ自分がお金持ちになり、お金持ち同士の輪に入りコミュニケーションをしていく中で、僕が獲得した能力や考え方が彼らと驚くほど共通していることに気づきました。

つまりどのような道筋であろうと、結局のところ、お金持ちになるために獲得しなければならないものは同じであるということがわかったのです。

そしてここが大事なので、繰り返しますが、その能力なりノウハウは、誰にでもできることばかりだということです。

考えてみてもください。中学校しか卒業してない、難しい言葉もよくわからない、しかも日給月給働きのお兄ちゃんであった僕ができたことなのですから、あなたにできないわけがありません。

あとは、この本を読んだあなたが行動を起こすかどうかだけ。

『お金が欲しい！！！』。

心の底からそう思えるなら、きっとあなたは稼げるようになり、そして、ずっと稼ぎ続けられるお金持ちになれるはずです。

２０１８年７月吉日

パンダ渡辺

CONTENTS

はじめに 2

第1章 SNS時代はファンをつくってお金を稼げ

01 お金を稼ぐのに特殊な才能はいらない 16
「お金持ちは特別な人」は間違い／環境が変われば人は変わる／ネットが人生を変えた！

02 あらゆる情報は売れる 22
カブトムシを売りなさい？／商品の内容よりも売るノウハウに価値がある／ネットで稼ぐ、好きなことを仕事にする／誰も見ないブログはただの独り言

03 人とつながるために労力を惜しまなかった日々 28
1日400件、メッセージを書き込み続けられるか？／人とつながるのは今も昔も変わらない／人が集まることなら何でも試す

04 運は動くからこそ向いてくる 32
気づいたら即動く／ブログ開始2か月、売り上げ39万5000円／1年もしないうちに会社を設立

05 「お金が欲しい」と心から思えるか？ 37
ネットとリアルでコミュニケーションの相乗効果／没頭することで不安はなくなる

06 今の時代のほうが格段に儲けやすい 41
遅いことなんて全くない／金山を掘り当てなくてもその周りで稼げる／今始めない手はない！

第2章 お金を生み出す6つの武器を手に入れる

07 成功するには6つの武器が必要 48
まずは、ずば抜けた能力を一つ身につけよう／すでに出会いは始まっている？

08 成功するための武器＝「楽しい」①
不安なことの中にも「楽しい」を見つける 52
うまくいっている人には「楽しい」が必ずある／とにかく楽しかった！／お金につながることを好きになる！

09 成功するための武器＝「楽しい」②
すべての時間は「仕事＝楽しみ」のために使う 58
すべてが「お金を稼ぐ」に向いている？／お金を持てば趣味などいくらでもできる

10
成功するための武器＝「出会い」①
あなたにプラスとなる出会いの求め方　62
「出会い」は将来を変える力を持っている／同じ方向を向いている人との出会いを大切に／プラス思考の人との出会いを意識する／フェイスブックに愚痴を書いている人は×

11
成功するための武器＝「出会い」②
同じ方向を向いている人とのつながり方　69
クルマのクラスでお金持ちを探す？／人とつながるためには共感することも必要

12
成功するための武器＝「輪の中に入る」①
輪に入れば自然とモチベーションも上がる　73
「輪」のメリットとは？／楽を共有する「輪」はマイナスな「輪」？／輪の中に入る方法

13
成功するための武器＝「輪の中に入る」②
「輪」のレベルは自分にあったものにしよう　78
「輪」の中で経験を積む意識を持とう／輪の中心になることを目指そう／レベルがあっていないとマイナスな愚痴に引っ張られやすい

14
成功するための武器＝「コミュニケーション」
お金が欲しければコミュニケーションをとろう　82
コミュニケーションは必ず持たなくてはいけない能力／どんな方法でもいいので自信をつける／

あらゆる方法でスキルを磨こう！

15 成功するための武器＝「告知力」 告知力はＳＮＳ時代最強の武器 86
告知力とは数字である／告知力とは友達を増やすこと／告知力がつく＝すごい媒体を手にする

16 成功するための武器＝「文章力」 難しいことを書けば書くほどわかりづらい 90
動画全盛の時代でも文章力は欠かせない武器／難しい言葉なんて必要ない！／読者の反応が文章力を磨いてくれる／何を書けばいいのか？／何回も同じ文章を書く？

第3章 ファンをつくってお金を稼ぐ具体的手法

17 ネットでお金を稼ぐツールとしてフェイスブックを使いこなそう 98
フェイスブックでお客さんを増やす／面白いものを投稿する必要はない／始めたばかりの頃はお金のことは考えない

18 大切なのは毎日投稿すること 102
何でもいいから毎日投稿／毎日の投稿で楽しみをみつける／結果の現れ方は人それぞれ

19 投稿しっぱなしはNG　必ず検証しよう！ 108
毎日検証もする／失敗すればするほど引き出しは増える／いいことはどんどん実行、つどつど検証／見るほうの気持ちを常に意識

20 「いいね！」と「コメント」でファンを増やす 114
フェイスブックでファンをつくるには？／ファンを選べるのがフェイスブックのいいところ／「与える」気持ちを大事にしよう／「与える」「与えられる」の関係がいつしかお金に換わる

21 フェイスブックでつくる友達は5000人を目指そう 120
最初は誰でもいいから友達申請／フェイスブックの友達5000人の価値

22 友達が5000人できたらやること 124
友達が5000人になったあとは？／5000人に増えたら起きること

23 過去の投稿を使ってさらに検証してみよう 129
長く稼いでいくための試行錯誤／続けることの重要性

24 アフィリエイトを始めてみよう 132
アフィリエイトって何？／アフィリエイトをやっている人とつながろう

25 オプトインアフィリエイトをやってみよう 135
今熱いオプトインアフィリエイトとは？／オプトイン広告で稼ぐために重要なこと／オプトインアフィリエイトでやってはいけないこと

第4章

一生稼ぎ続けるためのお金持ちマインド

26 捨てる勇気を持つ 142
自分の中の「普通」を捨てる／「普通」を捨てる方法／もう一つ捨てるもの＝「付き合い」

27 家族や友人はドリームキラー 148
変わりたい自分を邪魔する存在

28 テクニックとマインド、先に必要なのはどっち？ 151
知識より気持ち／約4％のお金持ちになることのできる人とは？／マインドを変えるために

29 すべての情報には理由があると思え！ 158
溢れる情報をいかに受け取るか？／すべての情報には理由がある／ネガティブ情報の裏を読め

30 判断基準は常にプラスか？ マイナスか？ 163
プラスとマイナスの基準／人付き合いでもプラスかマイナスかを大事に！／あなたにとってプラスな人とマイナスな人

31 お客が自分を神様だと思うのは間違い 169
お客様マインドはマイナス／日常生活でもお客様マインドを捨てるべき

32
成功する人は「できない理由」を考えない 174
成功者の共通点／「できない理由」は成功の足かせでしかない／解決方法はぜんぶ自分の口から出ている

33
言霊を大事にする 181
言葉に出したものは現実になる／前向きな姿勢がお金を運んでくる

34
天国言葉で自分を洗脳する 185
天国言葉を使ってみよう！

35
行動してから考える 189
まずはとにかく「やってみる」／失敗の引き出しを増やす／指示待ち人間にお金稼ぎはムリ／始めてみないとわからないこともある

おわりに 196

本文構成／芳原　信
本文デザイン・ＤＴＰ／辻井　知（SOMEHOW）

第1章

SNS時代はファンをつくってお金を稼げ

¥

01 お金を稼ぐのに特殊な才能はいらない

◎「お金持ちは特別な人」は間違い

「あなたはお金が欲しいですか？」

そう聞かれて欲しくないと答える人は、この本を手に取っていないはずです。

僕は今から、皆さんに、お金持ちになるために必要なマインドやお金を稼ぐ方法についてお話ししようと思っています。

その手始めとして、僕の経歴について、まずお話ししておきます。なぜならこんな経歴の僕でも、成功し、お金持ちになることができたのだから、皆さんにできないはずがない、ということを知っていただきたいからです。

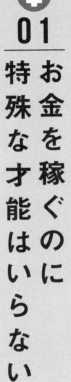

僕は、5歳のときに両親が離婚し、いわゆる母子家庭で育ちました。母親と暮らす家にはお風呂がなく、ずっと銭湯に通っていました。母親は美容師をやっていて、働いている間はずっと僕一人。一人で銭湯に行き、一人でカギを開けて家に入り、一人でテレビを見ていました。母親は僕を育てるため忙しく働き、親子のコミュニケーションもほとんどない生活でした。

そんな生活だったせいか、勉強をする習慣も身につかず、当然成績も悪かったです。ただ、自分で言うのもおかしな話ですが、やればできる子ではあったと思います。実際、今は必要だと思うことはきちんと学べているし、身につけることもできます。

その、あまりの勉強をしない姿や成績の悪さを見かねた母親は、僕を塾に入れました。本当のところ、僕が家でずっと一人で過ごしていることへの不安もあったのだと思います。当時、公立に通うごく普通の小学生で学習塾にも通っている子供などほとんどいませんでしたから。

しかも何を間違えたのか、僕が通うことになったのは、その学習塾でなく、お受験を前提にした勉強を行う進学塾だったのです。

◎環境が変われば人は変わる

進学塾に入ると、当たり前の話ですが、周りは受験をしようとしている子ばかり。学校でやっていない勉強もどんどん出てきます。

そんな環境で、どこそこの私立の中学に行くんだ、という話を当たり前のように聞いていると、勉強に全く興味がなかった僕も自然に受験したくなっていきました。高いレベルの集団に身を置くことで自分も変わり、巻き込まれるように頑張ることができる。初めてそんな体験をした瞬間でした。

この「環境」というものが、お金を稼ぐのにいかに大事なものであるか？　これはのちのち詳しく触れていくことにしましょう。

こうして進学塾に間違って入れられたことによって、僕はみるみる勉強ができるようになり、成績も上がり、希望通り私立の中学に入学します。

ただ、中学に入り塾に行かなくなった途端に勉強する習慣をなくします。中間テストや期末テストに向けての勉強を全くせず、成績はクラス50人中49位とか、学年で２００人中１９８位とか、再びそんな成績で過ごすことになったのです。

そんな成績でも進学校であったため、高校に進むことはできましたが、高校でも勉強は全くせず、ついには高校を中退し、美容の専門学校へ行くことになりました。そこでも僕は決して品行方正な生徒ではありませんでしたが、何とか卒業まではたどり着きました。

学校を卒業すると、どこかで働かなければならない。17歳のときです。僕は千葉県市川市の美容室で働き始めました。当時の給料は７万円。３万円の家賃の部屋を借りて一人暮らしです。

美容室で働きながら、銭湯に通い、部屋に帰って寝る。毎日がそんな繰り返しです。その後、いくつか店を転々とし、結局、20歳になる頃には美容院の仕事を辞めてしまいます。

その後は本当にいろんな仕事をしました。

それこそ日雇いの仕事もやりましたし、会社に入社し、営業でトップの成績を残したこともありました。そんな僕にお金を稼ぐ術を与えてくれたのが、インターネットでした。

僕がパソコンでインターネットを始めたのが、27歳のときです。その年はまさに1995年、ウィンドウズ95が発売され、世間で話題になっていました。僕はすぐさまローンでパソコンを購入し、インターネットを始めます。崇高な目的があったわけではなく、海外サイトにアクセスすればアダルトサイトを自由に見ることができる。実に志の低いネット生活のスタートでした。

◎ネットが人生を変えた！

当時僕が就いていた職業は、植木屋です。ただ、植木屋といっても庭を手入れするような職人仕事ではなく、土を運び、道路わきのブロックで囲われた花壇に土を入れて木を植え、整地する、そんな仕事でした。

給料は日給月給。雨が降ると仕事は休み。ですから6月の梅雨時になると、とたんに給料は少なくなりました。決まった休みは盆と正月だけ。あとは雨次第。毎日ただ暮らすだけ。特に夢もなく、生活するお金を稼ぐためだけに働いていた毎日だったと思います。

唯一の楽しみはパチスロでした。毎日、毎日、通い詰めた挙げ句、アコム、レイク、武富士、プロミス、アイフル（サラ金です。念のため）の常連客に。運よく、ブラックリストには載らなかったけれど、いつも借金がある生活でした。

そうこうするうちに、32歳のとき、ネットで知り合った女性との間に子供ができて結婚します。仕事は相変わらずでしたが、ずっとパソコンで遊ぶことだけは続けていました。ゲームをやったり、サイトを見たり。皆さんと変わらないごく普通の使い方です。

そんな僕がパソコンでお金を稼ぐことに目覚めたのは、結婚3年目の35歳のときでした。では実際にどのように稼いでいったのか？

それを次項から詳しく紹介していきましょう。

¥ 02

あらゆる情報は売れる

◎カブトムシを売りなさい？

35歳、結婚してから3年がたった頃の話です。

仕事をし、パソコンで遊んでいる日々が続いていました。そんなある日、何かのはずみでYａｈｏｏ！オークションの情報カテゴリーを覗く機会がありました。そこには「何をするかわからないけど、お金が入ってくるよ」といった情報がいっぱい売られていました。

興味を持った僕は、試しに３０００円の商品を買ってみます。３０００円だったら騙されてもいいや！　そのくらいの気持ちでした。

落札すると振込先の案内が送られてきました。その指示通り３０００円を振り込むとメールでテキストファイルが送られてきました。「こちらが商品です！」と届いたファイルにはびっしりとテキストが書き込まれていました。

普通、物を買うと形のある商品が届きます。でもこの商品は、物がなく、テキストだけなんだ、と不審に思いながら、そのファイルを開けてみました。

内容は、カブトムシの商売のやり方でした。

夜店でカブトムシを買ってきて、そのカブトムシを交尾させて増やして売りなさい！　という内容。内容自体には随分がっかりさせられましたが、それよりも、こんなふうに情報を売っている世界があるんだ、という事実のほうに、私は非常に感動しました。

この単なるテキストファイルが３０００円で売れる！

もし僕がこのテキストファイルを５人に売ったら１万５０００円になる。１円もかけないでメールで送るだけなのに、１万５０００円が手に入るという事実にひどく驚いたのを覚えています。

◎商品の内容よりも売るノウハウに価値がある

情報を売る世界の存在を知って、その後も試しに何件か購入してみました。PDFの形で提供される情報を2万円出して買ってみたりもしました。当時の僕からすると、2万円は決して安い金額ではありません。しかし、2万円で売られている情報の正体がどうしても知りたかったのです。

そんなことを繰り返し一つ気づいたのは、買っても買っても、送られてくる内容が、机上の空論のようなものばかりだったということでした。

ただ、机上の空論であっても、そこには売るためのノウハウがあることにも同時に気づきました。当時は、ホリエモンこと堀江貴文さんがライブドアの粉飾決算問題で逮捕される前の年くらいだったと思います。

それまでIT業界という言葉さえ知らず、全く興味がなかったホリエモンのことも、そのときに初めて知りました。

ライブドアという会社でニッポン放送や球団を買おうとしていた人。これはすごい人だと素直に思いました。そのホリエモンが何かの番組で、

「毎日ブログを書いているだけで月に100万円稼いでいる」

というようなことを言っていました。

その言葉を聞いたとき、僕の中で何かのスイッチが入ったのです。

◎ネットで稼ぐ、好きなことを仕事にする

2005年9月から、実際に仕事を辞めるその年の12月20日までの3か月間、僕は仕事と寝る以外の時間、ずっとパソコンに向かい、ネットで稼ぐ方法について調べまくりました。

とにかく検索して、この業界で誰が有名だとか、どんなことをしているのか、2チャンネルなどで叩かれていたりする状況も全部調べて、とにかく僕もこの世界でやってみようと決意しました。

そして、ネットで仕事をするなら、それまでやっていた仕事を辞めようと決めたのです。

理由は非常にシンプルなものです。それは単に仕事に行きたくなくて、パソコ

ンが大好きだから。

ネットで仕事ができれば、家族に対しても仕事をしている体で、パソコンの前に座っていられる。そんな思いでした。

もしネットで、それまで稼いでいた月25万円を稼げれば、この先もずっと外へ働きに行かなくて、家でパソコンに向かっていられる。これが、僕が最初に持った目標です。

外へ働きに行かずに25万円を稼ぐにはどうしたらいいのだろう？　そう考え始めたのが、ホリエモンの言っていたブログを書くことでした。

◎誰も見ないブログはただの独り言

しかし当時、ブログの使い方もわからなければ、そもそも文章を書いたこともありませんでした。中学を卒業して、高校中退して、美容学校の国家試験はあったのですが、文章を書くような試験ではなかった。つまり人生でまともな文章を書いた経験はなし。その文章を初めて書くわけです。しかし、まごまごしている暇はありません。とにかく始めなければ月収25万円にはなりません。とりあえず僕はライブドアのアカウントを取って、ブログを書き出しました。

ただ書くのはいいのですが、誰も見てくれない。当たり前です。誰も僕の存在など知らないのですから。

内容は適当に身の回りのことを紹介したりしていました。アフィリエイトという言葉は知っていたので、「簡単にもうかっちゃった！」なんて見栄を張って嘘を書くこともありました。

でも、そもそも僕のブログなど誰も見ていないので、嘘にさえならない。ほとんど独り言の世界でした。こんなことでお金が稼げるはずがない。そこから知ってもらう努力が始まったのです。

POINT

ネットで稼ごうと思ったら、その世界を徹底的に調べ、やっていけるか、自分に何ができるかを考えてみよう！

¥

03

人とつながるために労力を惜しまなかった日々

◎1日400件、メッセージを書き込み続けられるか？

どうやったら多くの人が僕のブログを見にきてくれるのか。

自分は芸能人でも有名人でもない。そのままなら僕に興味を持ってくれる人はいないだろうということはわかっていました。

しかし何とかしなければいけない。そこで僕は、人のブログで自分のブログを宣伝してもらおうと思いついたのです。

やり方は、人の書いた記事に対してどんどんメッセージを書いていくこと。その上で、そのブログの読者に向けて「僕のブログにも遊びにきてくださいね」と書いていきました。ひたすらそれを、いろんな人のブログに書きまくっていったわけです。それでもなかなか人は見にきてくれない。それでも諦めず、その作業を1日400件ずつ繰り返していきました。

するとある変化が起こります。書き込んだ先のブログの読者ではなく、ブログを書いている当事者たちが、僕のブログを見にくるようになったのです。

ブログを書いている人たちは僕と同じ、ネットでのビジネスに興味のある人たち。つまり、同じ属性の人たちですから、僕のブログを見て、こちらにもコメントしてくれるようにもなりました。ちょうど今のフェイスブックと同じような状態が出来上がっていったわけです。

◎人とつながるのは今も昔も変わらない

フェイスブックの記事にコメントをする。

そうするとその人が今度は僕のフェイスブックを見にくる。

それを何度も繰り返していくうちにコメントしてもらえるようになる。

それと同じような形を、あの頃、ブログで行ったのです。

読者が増え、徐々によいスパイラルになってきたのを感じました。ただ、悩ましいことに、八百屋が八百屋に野菜を売るのと一緒で、読者は皆さん売る立場の人たちでしたから、何も売れません。

ただ、僕のブログには、コメントが何百件も書き込まれていますから、傍からは「人がいっぱいいる」というように見えていました。

◎人が集まることなら何でも試す

当時のブログにもフェイスブックと同じようにプロフィール写真というのがありました。僕はそこにいろんな写真を載せるようにしました。すべては読者を増やすための努力です。

ニッカポッカをはいたり、サングラスをかけてみたり。あらゆることをやりました。そんな中でパンダの帽子を被った写真を載せると、これがとても好評で、パンダさんなどと呼ばれるようになったのです。

それがパンダ渡辺の始まりでした。

実を言えば、僕はパンダのことを好きでも何でもないのです。

でも、パンダの帽子を被ったらパンダさんと呼ばれるようになって、それでパンダ渡辺になり、その名前が広がっていったわけです。

先にも述べたように僕のブログはネットで稼ごうとしている人たちの集まりになっていました。そうすると、僕のブログを見ている人たちは「パンダさんは相当稼いでいる」という印象を持つようになってきます。

実際には全く稼いでいないのに。「パンダさん、いくらくらい稼いでいるんですか?」と聞かれる。それに対して僕は「内緒です!」と答える。

稼いでいないとも言わず、稼いでいるとも言わず。ただそういう状況の中で、徐々にブランディングに近いものが出来上がり「すごい人」というふうにみられるようになっていったのです。

POINT

1日400件、他人のブログにメッセージを書き込み続けることがネット上のブランディングにつながった!

¥

04 運は動くからこそ向いてくる

◎気づいたら即動く

会社を辞めた年の12月24日にブログをスタートしてから少したった、翌年の1月の頭くらいだったでしょうか。

ブログの読者から「ネットでお金を稼ぎたいなら、メルマガがいいですよ!」と言われました。

僕のモットーは気づいたら「始めてみる!」ですので、すぐにその言葉に従って「まぐまぐ」でメルマガを開始しました。すると1か月もしないうちに2000人くらいまで読者が増えていきました。

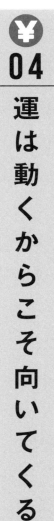

そして、2月になる少し前、当時のネット業界で有名だった人から「うちに遊びにきませんか」と声がかかります。

出かけてみるとすごい家でびっくり。こんなに稼いでいるんだと思いました。

その人はまだ28歳で、メルマガでの収入は月100万円とのこと。

変な話ですが、それを知って僕はすごく自信を持ちました。

この人でも稼げるのなら自分でも稼げると。

今では全然大したことはないのですが、月100万円って言うと、当時はスーパーアフィリエイターです。ブログを始めてまだ2か月もたっていない僕の収入は当然のことながらゼロ円。いったいどこからそんな自信が……。でも、今思えばそれほどネットに費やす時間が濃く、長かったからかもしれません。

◎ブログ開始2か月、売り上げ39万5000円

その人がやっていたのは、情報をPDFの形で売るというものでした。それで100万円稼いでいるのです。その人から頼まれたのは、彼の情報を僕のメルマ

ガで紹介してほしいということでした。当時、僕のブログはそれほど目立ってい
たのです。

僕は、2月にその人が情報をリリースすると同時に、自分のメルマガでアフィリエイトを行いました。

当時のアフィリエイトはブログで紹介し、そこに掲載された商品が購入されればお金になるというもの。

その結果、2月には39万5000円という売り上げになりました。僕がネットで稼いだ初めての売り上げです。

ただ数字上は39万5000円と出ていますが、なにせ初めての経験。本当にお金が振り込まれるかどうかはわかりません。

振り込まれるのは翌々月です。何も知らなかった僕には、当時、それが一番怖かったのを覚えています。

その後、僕の収入は順調に伸びていきました。

そして、アフィリエイトを始めて3か月後には100万円を超えました。

その間に僕がやっていたのは、ひたすら読者を増やすこと。それが売り上げ増につながっていったのです。

◎1年もしないうちに会社を設立

この成功がきっかけとなって、今度は商品を自分たちで作り、一緒に売りませんか、と声をかけてくれた人が出てきます。

テーマは僕が12月からブログを始め、翌年に売り上げが100万円を超えるまで、何をやってきたのか。その方法を売ろうというわけです。

本当にこんなものが売れるのだろうか？　半信半疑で9800円の値をつけて売ったところ、なんと約500本が売れました。

おかげで5月の売り上げは300万円。これまでの年収に近いお金が、いとも簡単に入ってきたのです。

その後、ネットの情報交換を通じて仲良くなった東大法学部卒、26歳の人と組んで、本格的にネットで行うビジネスの幅を広げていきました。

ホームページを作って、SEOをかけて閲覧者を増やしていく。

その一方で、人をプロデュースする、つまり自分の商品だけでなく、人の商品を売ることも仕掛けていきました。

そして、その年の11月には自分の会社を設立し、そのときの役員報酬が月300万円。ネットでビジネスを始めて、1年もしないうちに、月300万円の収入をコンスタントに得られるようになったのでした。

POINT

気づいたら「始めてみる！」。
ビジネスの進め方も人とのつながりも、すべては行動から始まる。

05 「お金が欲しい」と心から思えるか？

◎ネットとリアルでコミュニケーションの相乗効果

このように昔の話をすると、「パンダさんは、たった2か月で結果を出してすごい」という言われ方をよくされます。しかし、僕はその2か月間、1日18時間もパソコンの前に座っていました。

周りの人の3、4倍やっていましたから、その2か月間は、周りの人の半年から8か月間分に相当するわけです。

集中してやっていると、自然と人との関係も濃くなってきます。1週間に一度連絡くれる人と、毎日何度も連絡くれる人とでは関係の深さが変わってきます。

連絡の仕方にも気をつけました。相手がウザいと思うのか、話しかけられてうれしいと思うのか。どうせ書くなら、相手が連絡をもらえてうれしいと思うような内容を書くように常に心がけていました。コミュニケーションの能力はこの時期、ずいぶん身についたと思います。

ネット以外にも人とのつながりをつくるため、いろんなセミナーにも出かけました。僕は人の話を聞くのが苦手なので、セミナーの内容自体は少しも聞いていない。本領を発揮するのは、セミナーのあとの懇親会からでした。

懇親会で出席していた方々といろんな話をしました。僕自身、とにかく人より時間を使ってとことん調べ、いろんなものを見たり、試したりしているので、引き出しが多い。すると、会話が成り立つのです。有名人の話、よかったと思うブログの話、これからのネット業界の話。何でも話すことができ、そのおかげで、いろんな人とつながっていくことができたのです。

◎没頭することで不安はなくなる

仕事を辞めて不安はなかったのか？　と聞かれることがあります。

不安はありませんでした。とにかく楽しかった。なにせ嫌な仕事をしなくていいのですから。

開き直りの部分もあったのかもしれません。お金がなくなったら、また元の日給月給の仕事に戻ればいいくらいに思っていましたし、僕は、泥運びだろうと、穴掘りだろうと、いざとなったら何でもできると思っていたので、失敗への不安というものが全くありませんでした。

こう言っては何ですが、皆さん、格好つけて、自分がやりたくないということを主張しすぎているから、かえって何もできないのではないでしょうか。

当時の気持ちを振り返ってみると、仕事をしなくてもお金が得られることに対する喜びはありました。けれど、正直、お金のためより楽しみのほうが大きかったと思います。

まるで、ゲームをやる感覚でした。純粋に人に勝ちたい。周りに同じようなことをしている人が増えてきたら、その人たちよりすごいことを自分がやる。ゲームに勝つためにあらゆることを調べ、勉強することも楽しい。

自分が知らない間に、そういう輪の中に入っていたということなのでしょう。

小学生で進学塾に入れられたときと一緒だったのかもしれません。

とにかく、同じことをやるなら一番になりたい、そんな僕の性格もプラスに働いたと思います。看板を売り歩く営業も成績は一番でした。一番を取ったら辞めると自分で誓って、その通り辞めました。

ブロックを積む仕事でも、人よりきれいに積むとか、人より速く積むとかいうことをいつも心掛けていました。車を買っても、一番いいものが欲しいし、人と全く違う物にしたいと常に考えました。

最近、ランボルギーニを2台購入したのですが、その車体には僕のトレードマークのパンダの巨大なマークを張りつけています。そこまで徹底して、僕は人より目立ちたい！　常にそう思っています。

POINT

いいと思うことは何でもやる。格好をつけ「自分はやりたくない」と主張しすぎると、かえって何もできなくなる。

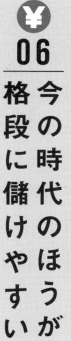

06 今の時代のほうが格段に儲けやすい

◎遅いことなんて全くない

ネットワークの環境は日々変化しています。

僕が最初の成功をつかんだ時期に、社会に対して僕のメッセージを伝える方法はブログやメールマガジンなどに限られていました。

ブログやメールマガジンの読者を増やし、そこに情報を流していく。

今は、ライブドアのブログの仕組みがフェイスブックに代わり、メールマガジンがLINE＠（ラインアット）になっている。もちろんブログもメールマガジンもまだ存在していますが……。

ただ、人とつながり、情報を提供し、収入につなげていくノウハウは全く変わっていません。むしろ、人とつながりやすくなっている今のほうが、以前より成功への環境が整っていると言えます。

よく、僕のところにくる人が、こんな発言をします。
「これだけ多くの人がネットでビジネスを始めているのだから、今さら始めても遅いのでは？」

そんなことはありません。実は全く逆なのです。

今のほうが以前と比べ、稼げる環境が整っているのは言うまでもありません。

たとえばメールマガジンの時代では、相手とつながるためには、向こうから登録してもらわなくてはなりませんでした。

しかし、フェイスブックであれば、こちらからどんどん仕掛けて、いくらでも人とのつながりを増やしていくことができます。

フェイスブックからLINE＠に流す。ツイッターからLINE＠に流す。インスタグラムからLINE＠に流す。

それらのやり方は第3章でご紹介しますが、僕がネットでお金を稼ぎ始めた頃と比べれば、その導線は格段に増えています。

◎金山を掘り当てなくてもその周りで稼げる

もちろん、早い時期に始めた人が有利な部分もあるでしょう。

新しいものを発見した人は、誰も手をつけていない分、その一時だけは多くの利益を上げることもできます。

金鉱を発見し、一番最初に掘りに行った人が最初に大きな利益を上げられるのは当然です。しかし、何も金山を掘り当てようと頑張らなくても、金山目指してそこに多くの人がやってきたら、そんな人たちにつるはしやスコップを売ったほうが確実に儲けられることもあります。

ネットでは特にこうした傾向が強く、何か新しいノウハウが社会にリリースされた場合、ある程度先人が攻略してからのほうが、有利なことも多く、リスクもその分、小さくなります。

さらに、ネットの普及は昔と比べるべくもなく、稼ぐ金額も今は昔とは話にならないほど大きくなっています。

僕がブログを始めた頃は月に１００万円が大成功でしたが、今では月に１０００万円でも普通です。

◎今始めない手はない！

僕が手掛けているアフィリエイトの世界も今、大きく変化しています。

これものちの章でご紹介しますが、オプトインアフィリエイトというものが登場し、僕たちの活動にも劇的とも言ってよい変化が生まれました。

以前は、自分のブログやフェイスブックなどに広告を掲載し、購入に至ることで初めて収入を得ることができました。しかし今は、モノの購入に至らなくても僕たちは収入を得られるようになっています。

たとえばあなたのフェイスブックを見た読者が、クライアントのサイトに興味を持ち、閲覧しに行きます。そして見に行った人がそのサイトに用意された広告を読み、メールアドレスを登録すれば、あなたの収入となります。

お客さんを説得するのはクライアントの仕事。あなたの仕事は、そのサイトを見たくなるような内容を提供すること、それだけです。

この点だけをとっても、昔より現在の状況が、皆さんにとって非常に稼ぎやすい状況になっていることをご理解いただけると思います。

POINT

ネットで収入を得る敷居は確実に低くなっている。だからこそ、今始めない手はない。

第2章

お金を生み出す6つの武器を手に入れる

¥

07 成功するには6つの武器が必要

◎まずは、ずば抜けた能力を一つ身につけよう

さて、第2章では、お金を稼ぐために必要となる6つの武器を紹介していきたいと思います。

その6つとは「楽しい」「出会い」「輪の中」「コミュニケーション」「告知力」「文章力」です。

それぞれの内容は、次項から順を追って説明していきますが、僕はお金持ちとして成功するためにこの6つの武器は欠かせないものだと常々言ってきました。

6つの武器と聞いて、そんなにたくさんのノウハウを身につけなければいけないのか。そう思われた人もいるかもしれません。

その通り、すべて必要な能力、マインドばかりです。ただ全部を欲張って一気に身につける必要はどこにもありません。

どれか一つでもずば抜けた能力を身につけると、他の能力も必ず育っていくようになります。

たとえば、「出会い」がずば抜けていれば、「輪の中」に入る機会も増え、自然に「コミュニケーション」力も身についてくる。

「文章力」が上がってくれれば、「コミュニケーション」力も上がるし、その分人から様々な反応が返ってくるようになり、「楽しさ」は増します。そして、さらなる「出会い」を求めて「告知力」に磨きがかかってくることでしょう。

◎すでに出会いは始まっている？

「出会い」について言えば、今、皆さんはこの本で僕と出会いました。そして僕と出会うことで、成功するために必要な能力についても知ることになりました。

あとは皆さんがこの「出会い」をどのように自分に取り込み、利用していくかです。

どこかのタイミングでこの6つの武器を手に入れることが出来れば、あなたは億という お金を稼げる、そういう状況に必ずなれるでしょう。

難しく考えず、どれか一つ特化するような考え方をすれば、必ずあなたの成功は加速します。そして、人生が動き出していきます。

繰り返しますが、いきなり6つ全部を揃えなくてもかまいません。

まずは一つ、自分が手に入れられるものを見つけてみてください。

POINT

一つでもずば抜けた能力（武器）を身につけるように心がけよう。
そうすれば自然と他の能力も育ってくる。

成功するために持つべき6つの武器

¥ 08 成功するための武器＝「楽しい」①

不安なことの中にも「楽しい」を見つける

◎うまくいっている人には「楽しい」が必ずある

まず最初に、あなたがネットで成功するために必要な、気持ちの持ち方、マインドについてお話ししようと思います。

成功するのに必要なもののうち、僕がまず言いたいのは、「楽しい」という気持ちの大切さです。何をやるにしてもそうなのですが、苦しいと思っている状況、気持ちでは、必ずと言ってよいほどうまくいきません。

僕はこれまでお金を稼いでいる人もそうでない人も含め、たくさんの人を見てきました。そして、これは自分自身も含めて言えることですが、ビジネスに限らずお金を稼いでいる人というのは、まず例外なく、「楽しい」と思ってお金につながる行動をとっています。ネットでビジネスを始めようと思ったら、お金を稼ぐために様々なことを学び実行していくことになりますが、何をやるにもその根底に楽しいという思いがなければ、どんなにあなたがお金を稼ぎたいと思っていても、絶対にうまくいきません。

もし今やっていること、これからやろうとしていることが楽しくないのなら、やろうとしていることが「楽しくなる」にはどうしたらよいか、というふうに考える必要があります。

あなたがネットで稼ごうと思った場合、僕がそうだったように、最初の頃はわからないことだらけだと思います。本当に何もわからない。飛び交う言葉もわからないし、なかにはPCやスマホの操作すらもわからない人だっているかもしれません。そのように、たくさんのわからないこと、不安になることに出会う過程で、「楽しい」にどうやったらたどり着けるかということを、常に考えてほしいと思っています。

◎とにかく楽しかった！

第1章でも書きましたが、僕は、植木屋の仕事を辞め、何の確証もなくネットビジネスの世界に入りました。もちろん不安だらけでした。ただ、そんな時期であっても、不安より先に楽しみがありました。

嫌な仕事をしなくていいし、大好きなパソコンに向かっていられる。

だから何時間パソコンの前に座っていても少しも苦ではありませんでしたし、たった2か月で利益が出るいい結果につながったのだと思います。

たぶん皆さんは、「お金が欲しい！」と思ってこの本を手に取られていることと思います。しかし、矛盾しているようですが、「楽しい！」という気持ちがなくて、ただお金が欲しい、贅沢がしたい、いい時計が欲しい、いい車に乗りたいと思っているうちは、おそらくお金持ちにはなれないでしょう。

単純に「お金が欲しい！」と思っていても何も始まりません。

お金持ちになる一番の近道は、「自分の中で〝お金になる部分〟を見つけ、それを好きになる」ことだと思います。

僕の場合はそれがパソコンであり、ネットで様々な儲ける仕掛けを考えることでした。

◎お金につながることを好きになる！

ただ、いくら好きだといってもお金にならなければいけません。

たとえば、あなたがクリーニング屋さんの仕事が好きで、これで稼ごうと思ったとしましょう。しかし、このときのあなたの考えが、たった1店舗でクリーニング屋さんをやってガンガン働き、大金持ちになるぞ！　ではダメなんです。

なぜなら、自分のキャパにも、1店舗の稼ぎにも限界があるから。つまり、その形ではどんなに頑張っても大金持ちになるのは物理的にムリなのです。

クリーニング屋さんでもしお金儲けをしたいのなら、お店を全国チェーンにするようなイメージを持っていなければ、お金にはつながりません。

ではそのようなイメージが持てたとして、あなたは何を好きになるべきか？

それは、「チェーン展開して大きくしてやる！」ということに熱中し、そんな目標にすべてを捧げる自分を好きなる、ということです。

僕が、仕事の楽しさを初めて感じ、仕事＝趣味となったのは、仕事を始めてから2か月目のことでした。ネットを使って月40万円のお金を得ることができた、まさにその瞬間からです。

パソコンを使ってお金を稼ぐ自分の姿が大好きになり、いくらやっても疲れない。そんな状態でした。そして楽しいから、自然にその作業の延長として、もっと多くの人に自分のブログを見てもらうにはどうしたらいいのか、さらにそこから稼ぐにはどのようなことが必要なのかを考え、工夫するようになりました。

誰かから強制されたわけでもなく、純粋に楽しかったのです。まさに仕事＝楽しいが「お金を稼ぐ」に直結した状態でした。

POINT

「自分の中で〝お金になる部分〟を見つけ、それを好きになる」。それが、お金持ちになる一番の近道。

稼げる人と稼げない人

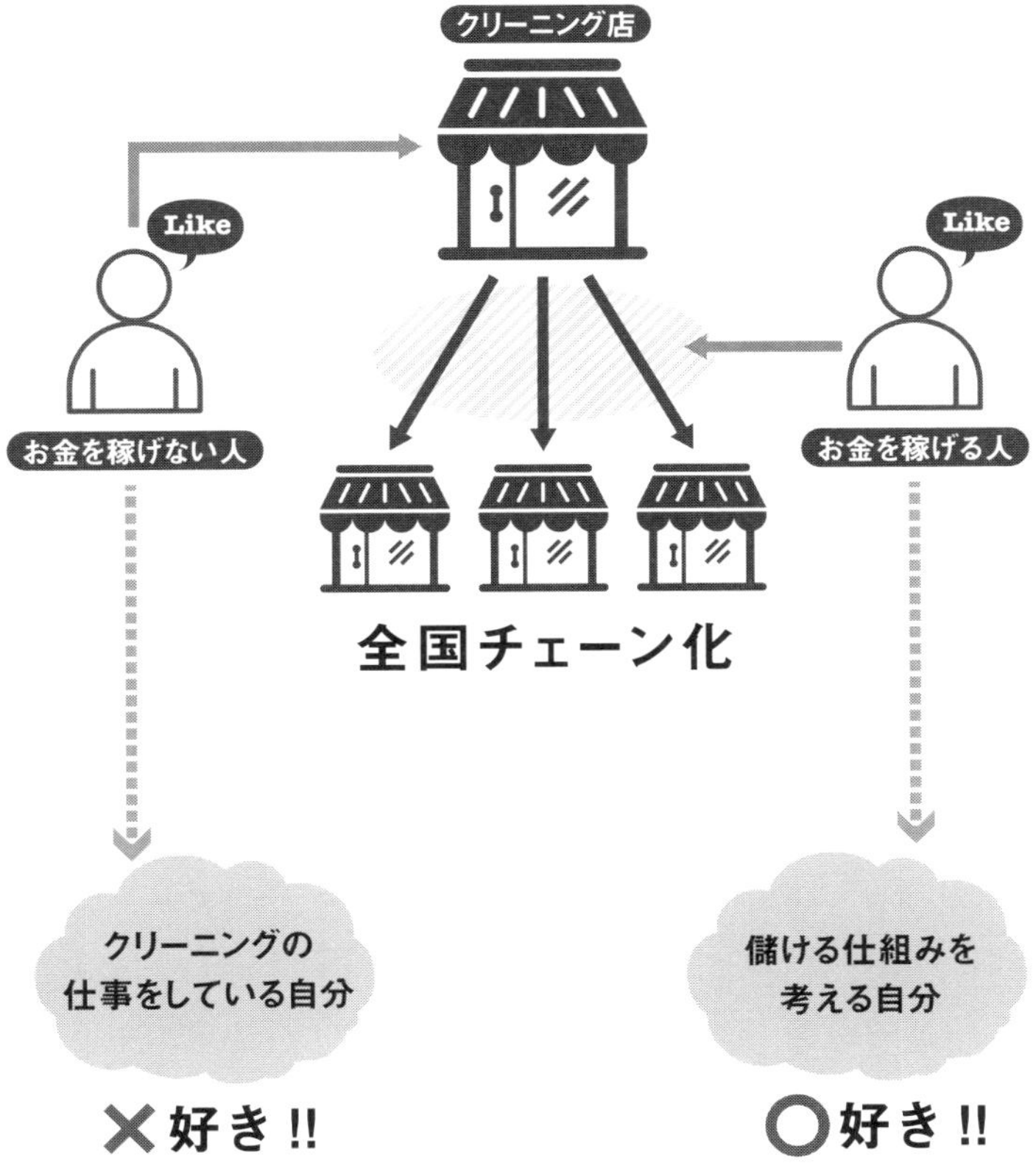
クリーニング店
Like
Like
お金を稼げない人
お金を稼げる人
全国チェーン化
クリーニングの
仕事をしている自分
儲ける仕組みを
考える自分
×好き!!
○好き!!

成功するための武器＝「楽しい」②

09 すべての時間は「仕事＝楽しみ」のために使う

◎すべてが「お金を稼ぐ」に向いている？

人は平等に時間を持っています。

しかし、残念なことにお金を稼げない多くの人は、その時間を無駄なことに費やしています。

僕が、ネットでお金を稼ごうと思った当初は、１日18時間もパソコンに向かっていました。こういう話をセミナーなどですると、多くの人が、「自分にはそんな時間はない」と言います。そんな人に限って、普段の生活状況を聞いてみると、非常に無駄な時間が多いのです。

例えば趣味の時間も僕にとっては無駄です。

よくお金持ちになりたいと思って僕のところにきているのに、「趣味と仕事は別。趣味は仕事にしない」「趣味の時間があってこそ、仕事を頑張ることができる」という人がいます。

そんなことを聞くと僕は単純に思ってしまいます。

「あなたはお金持ちになりたいのですよね。本当にお金持ちになりたいと思っているときに、趣味なんかに時間を費やしている場合ではないですよね」と。

もちろんお金持ちになることが趣味であるならば、それは何の問題もありません。しかし、あなたが趣味を余暇的なものとして考えているのであれば、その趣味に使う時間を、大切なこと（お金を稼ぐこと）と考え、実行する時間に振り分けるべきですし、そうしなければお金持ちにはなれません。

先のクリーニング屋さんのお話ではないですが、「釣りが好きだ、でもお金持ちになりたい」という人は、その好きな釣りで大儲けすることができなければ、その願いは達成できません。

本当にお金が欲しいのだったらすべてをお金を稼ぐことに注力してやる。お金になることだけを考え、それ自体が好き（楽しみ）になることが必要なのです。

◎お金を持てば趣味などいくらでもできる

お金を得てしまえば、趣味なんて何でも、そしていくらでもできます。

釣りはもちろん、芸能界にデビューすることだってできる。今の僕であれば、やろうと思ったらドラマにだって出ることができます。もちろん主役はムリだと思いますが、必ず出ることはできます。

仮に何兆円も持っていたら、自分で冠番組だってつくれてしまえます。そうすれば、ドラマにだって出られますよね。さすがに僕がこれからサッカー選手になることはムリだと思いますが、それでもピッチに選手と一緒に立つことなら、お金を持っていれば、いくらでも可能です。

それをまだお金も稼いでいない状態で、あれもやりたい、これもやりたい、自由な時間も欲しい、寝たい、などと言っていては、人との差はつきませんし、もちろんお金持ちにもなれません。

そういった何かをしたいという時間を苦もなく切り詰められないと、何も始まらないのです。

これは一番重要なことなのですが、お金が欲しいのなら、お金を稼ぐことに自分の時間のすべてをかけ、様々な作業や経験を積み上げていくことこそ大切なのです。

宝くじに当たってお金持ちになったとしても、そこには獲得した経験というものが存在しません。もっと稼ぎたいからもう一度宝くじを当てようとしてもムリなように、経験のない稼ぎにはそこから先がないのです。

しかし、自分の時間をかけて稼いだ経験があれば、それを応用してさらに展開・拡大することもできますし、新しい儲けの仕組みが登場したり、環境が変わったりしても、対応することが出来るようになります。

POINT

お金持ちになりたいなら、お金を生まない趣味に時間を費やすのはNGと考えよう。

成功するための武器＝「出会い」①

10 あなたにプラスとなる出会いの求め方

◎「出会い」は将来を変える力を持っている

成功するための武器のまず一つ目として「楽しい」ことが大事だと申し上げました。次は皆さんに「出会い」の重要さについてお伝えしたいと思います。

僕はこれまで、多くの素晴らしい人と出会い、その出会いによって意識が変わり、行動が変わり、考え方も変わりました。

皆さんにも人生が変わった瞬間があると思います。それは人との出会いばかりでなく、スポーツや仕事との出会いの場合もあるでしょう。よくも悪くも人は出会いによって変わります。

ネットを通して、様々なページに出会い、文章を読み、動画を見てあこがれる。

こういったこともすべて出会いです。

もちろんこの本を通して僕と会ったことも出会いです。

先ほども言いましたが、出会いには意識を変え、行動を変え、考え方を変える力があります。つまり、「出会い」は将来を変える力を持っているわけです。

ですから自分が成功したいと思ったら、この機会をぜひいい出会いにしていかなければなりません。

◎同じ方向を向いている人との出会いを大切に

お金持ちになりたいなら、あなたは今後、なるべく多くの人と出会うべきですが、ただ出会う相手は誰でもよいわけではありません。

僕は自分が成功するために、どんな人と出会えばよいのかを常に考えて動いてきました。ある人との出会いがあってよい方向にも行けば、悪い方向にも行く。

ですから皆さんに意識してほしいのはよい人との出会いを求めることです。

ではどうすれば、よい人との出会いを求めることができるのでしょうか？

僕がお勧めするのは、自分と同じ目標を持っている人、自分と同じ方向を向いている人との出会いです。これを第一に意識してみてください。

同じ方向を向いている人とは、自分が楽しくなる仲間です。自分が何かをしたいと思うとき、同じことをやっている人と一緒にいると、今までより頑張ることができるようになります。

ダイエットなどもそうですよね。「何キロになった！」と話せる相手がいれば、頑張ることができる。食べちゃダメだと思うようにもなります。

しかし違う方向を向いている人、たとえば、たくさん食べる人と常に一緒にいたらダイエットにはなりません。

ネットでお金を稼ごうと思っているあなたは、フェイスブックなどを通した人との出会いにおいても、お金持ちになろうとしている人とつながることが大切です。ただし、極端に上すぎる人と出会おうとするのはお勧めできません。

たとえば僕が今、孫正義氏と会って話をしたとしても、何も参考にはならないと思います。絶対同じことはできないし、全然次元の違うところにいる人ですから、同じ立ち位置で話そうとしても何も話せないでしょう。会うことで自分が変化することもないと思います。

それが、年商１００億円くらいの会社の経営者の人などでしたら多少なりとも刺激はあると思いますが、それ以前に、同じ方向を向いている仲間と出会うことのほうが大切です。

◎プラス思考の人との出会いを意識する

もう一つ、出会いにおいて大切なことがあります。それは伸びる人との出会いを意識することです。僕がブログでお金を稼ぎ始めた当時も、様々な出会いがあり、多くの人を見てきました。僕と同じようにお金をテーマにして伸びた人の中でも、その後消えていく人とさらに伸びていく人がいました。

絶対に気をつけなければならないのは、消えていく人と一緒にいると自分も消えてしまうということです。

反対に伸びていく人と一緒にいると、どんどん新しいことを始めるチャンスが舞い込んだり、新しい情報も入ってきます。

伸びていく人からの情報は、プラスになる内容しかないので、あなたもどんどん変わっていくことになります。

ですから、伸びる人を見破る目を、なるべく早く育ててほしいと思います。

◎フェイスブックに愚痴を書いている人は×

伸びる人を見分けるための一つの目安は、その人がどんな発言をしているかを見ることです。

フェイスブックの書き込みでもプラスのことばかり言っている人であれば、伸びる人である可能性は大きいと思います。逆に人や出来事に対する悪口を並べていたり、悲観的な感想ばかり並べている人とは付き合わないほうが賢明でしょう。

たとえば「今日、車ぶつけられて、すっげー頭にきたよ、相手がこんなことやって、こんなふうで」それに「そうですね、最悪な相手ですよね」と感想が書いてあるような記事。これだけでもわかります。

お金持ちになれない人はたいてい愚痴を書いているので。僕はその記事を書いた人も、感想を述べた人とも知り合いにはなりません。「ぶつけられちゃったけど、保険会社にまかせて忘れるようにしました！」と書いてある人と付き合うようにしています。

昔、僕の周りにも悪口を言う人が多少は存在していました。しかしそんな人たちは、一時的に成功することはありましたが、次第に消えていきます。

僕は常に、上すぎる人でなく、同じ目標を持った同列の人たちと友達になるように意識してきました。ですから今僕の周りにいる人たちは、すべてプラスの発言、プラスの発想をする人たちばかりです。

それは、一緒にステージを上げ、そして成功し、今も周りにいる人たちです。

POINT

自分と同じ方向を向いている人、さらにプラスの発言をする人との出会いを大事にしよう！

「出会い」のポイント

Point 1

同じ方向を向いている

同じ目標を持っている人。ただし、あまりにもレベルの違いすぎる人は避けたほうがいい

Point 2

プラス思考

何事もプラスに捉える人はその後伸びる可能性が大。その人からの情報もプラスの物が多い

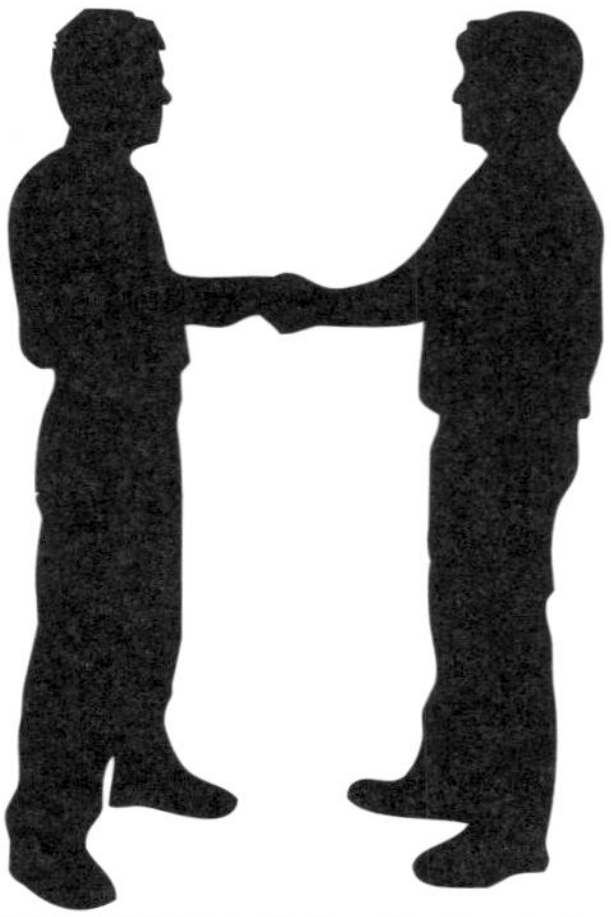

Bad

愚痴っぽい人は足を引っ張る

悪口や悲観的な感想ばかり並べたてる人は
お金持ちになれない可能性大なので注意しよう!

成功するための武器＝「出会い」②

¥11 同じ方向を向いている人とのつながり方

◎クルマのクラスでお金持ちを探す？

先ほども申し上げた通り、お金持ちになりたい、稼ぎたいと思っているあなたが知り合うべき人は、同じ方向を向いている人、つまりネットでお金を稼ごうと思っている人です。

最低でもその条件をクリアしていなければなりません。

フェイスブックだけでなく、何でもいいですが、何をするにしても、お金に興味のある人たちとつながらないといけません。

「お金より自分らしい生き方が大事だ」などと言っている人たちと一緒にいたところで、あなたはいつまでたってもお金持ちにはなれません。

では、お金を欲しいと思っている人、いい生活がしたい、と思っている人とつながるにはどうしたらよいのでしょうか。

僕は、お金を稼ぎたいなら個人的な趣味は捨てるべき、と思っています。しかし、出会いにおいては趣味に視点を置いてみることは、とても有効な方法です。

車の話がいい例です。お金持ちの人たちが好む車種について書かれたフェイスブックがあったとするなら、そこには知り合いになるべき人はたくさん存在すると考えることが出来ます。

たとえばクラウンのファンの集まりにはクラウンを買える人が集まりますし、レクサスのファンの集まりには、間違いなくお金持ちが集まっています。

逆に軽自動車の集まりには、どんなに楽しそうに見えても、軽自動車が買える層しか集まりません。

車以外にもお金持ちの視点や行動を調べ、想像することで、あなたと同じ方向を向いた未来の仲間の居場所を発見することが出来ます。

◎人とつながるためには共感することも必要

出会ってさらにつながっていくためには、まず相手に興味を持つことが必要です。すぐにつながろうとする必要はありません。

相手が自分にとってプラスとなる人であるとあなたが感じ興味を持ったら、普通に「今度のセミナー、一緒に行きませんか?」「どういうところで遊んでいるんですか」と相手のことを知るための質問をするのもいいでしょう。この辺は、恋愛と似ているかもしれません。

相手に興味を持たず、単にお金のためにその人とつながりを持ちたい、自分の損得のために一方的につながりを持ちたいというだけでは、関係を維持することは難しいと思います。

また、その人の発言に対して必ずコメントをしたり、必ず「いいね!」をすることも大事です。

何かをしていたら共感してあげる。それができて初めて、「どっかで食事しませんか!」と誘うこともできるようになります。

いきなり食事しませんか？

では「何この人？」で終わってしまいます。

やはり何事も興味を持ったコミュニケーションが最初になくてはうまくいきません。ビジネスだけの話をする人が相手だと、ビジネスが終わったとたん、そこで関係も終わってしまいます。

POINT

相手に興味を持たなければ相手もあなたに興味を持たないし、つながりをつくることもできない。

¥

12 輪に入れば自然とモチベーションも上がる

成功するための武器＝「輪の中に入る」①

◎「輪」のメリットとは？

人は「輪の中に入る」ことで意識が変わってきます。そして、その中で楽しくやりたいとか、一番になりたいとか思い、それまでなかった感情も生まれ、自然に意識が変わっていくようなことが起こってくるのです。

たとえば小学校の頃、ドッジボールとか一輪車などが、学校、クラスで流行ったりしませんでしたか？　そして、皆が楽しそうにやっていれば、自分もその輪の中で同じことをやって「楽しい！」と思うと同時に、「人よりうまくなりたい！」などと自然に感じるようになったりしなかったでしょうか？

お金を稼ぐというのも一緒です。

周りが稼いでいる人ばかり。ネットで稼いでいる人、あるいは稼ぎたいという目標を持っている人の輪の中に入ると、自分自身もその輪の中で競争意識を持って活動するようになります。

周りがやっているように、当然自分も頑張らなくてはいけないというように意識が変わっていきます。

ですからあなたが稼ぎたいと思ったら、同じように稼ぎたいと思っている人の輪の中に入るようにしてください。皆が稼ごうとして頑張っている輪の中に入ると、その中で自然と稼ぎ方に興味を持ったり、人の意見を聞けるようになったりなど、多くのメリットを得ることができます。

◎楽を共有する「輪」はマイナスな「輪」？

逆に仕事をしないで怠けているというような人の輪の中に入ってしまうと、驚くほど簡単に仕事をするのが嫌いな人間になります。なぜなら、人にはつい楽なほう、楽なほうに行ってしまう傾向があるからです。

よくホームレスを一回やるとやめられなくなるといったことを聞きますが、それは自分の楽を共有できる仲間ができてしまうからだと僕は思います。

ですから、同じ目線を持った同じレベルの輪をまずは探してください。いい意識を持っている人の輪の中に入っていれば、楽しくなるし、持続させるために必要なモチベーションも維持できるようになります。そのようにして、輪の中で意識を高く持つことができれば、自然と成功に向かう道が開けてきます。

◎輪の中に入る方法

では、輪の中に入るには、具体的にどんな行動をとったらいいのでしょうか。

レクサスを持っている人の輪の中に入ろうと思ったら、まずは自分がレクサスを好きじゃないと難しい……。この理屈はわかりますよね。

それと同じように、ネットビジネスの輪に入ろうとしたら、まずはそれが好きであること、輪の中の人に共感することから始めなければなりません。

また、その輪の中で情報に困っている人がいたら、あなたが時間を使って調べて助けてあげる、といった部分から入っていく方法もあります。

知識はすべて自分が持っている必要はありません。

たとえばフェイスブックの名前の変え方がわからない、という人がいたら、名前の変え方をネットで丁寧に調べて、このサイトがいいよ、と教えてあげるだけでもかまいません。

自分が辞書になる必要はなくて、調べる手間を提供する。あくまでも辞書はグーグルですので、あなたが調べる手間を惜しまなければ、輪の中に入っていくことができるわけです。

POINT

いくら楽しい「輪」であっても「ラク」を共有するような「輪」は、マイナスな輪でしかない。

「輪」を選ぶ目線

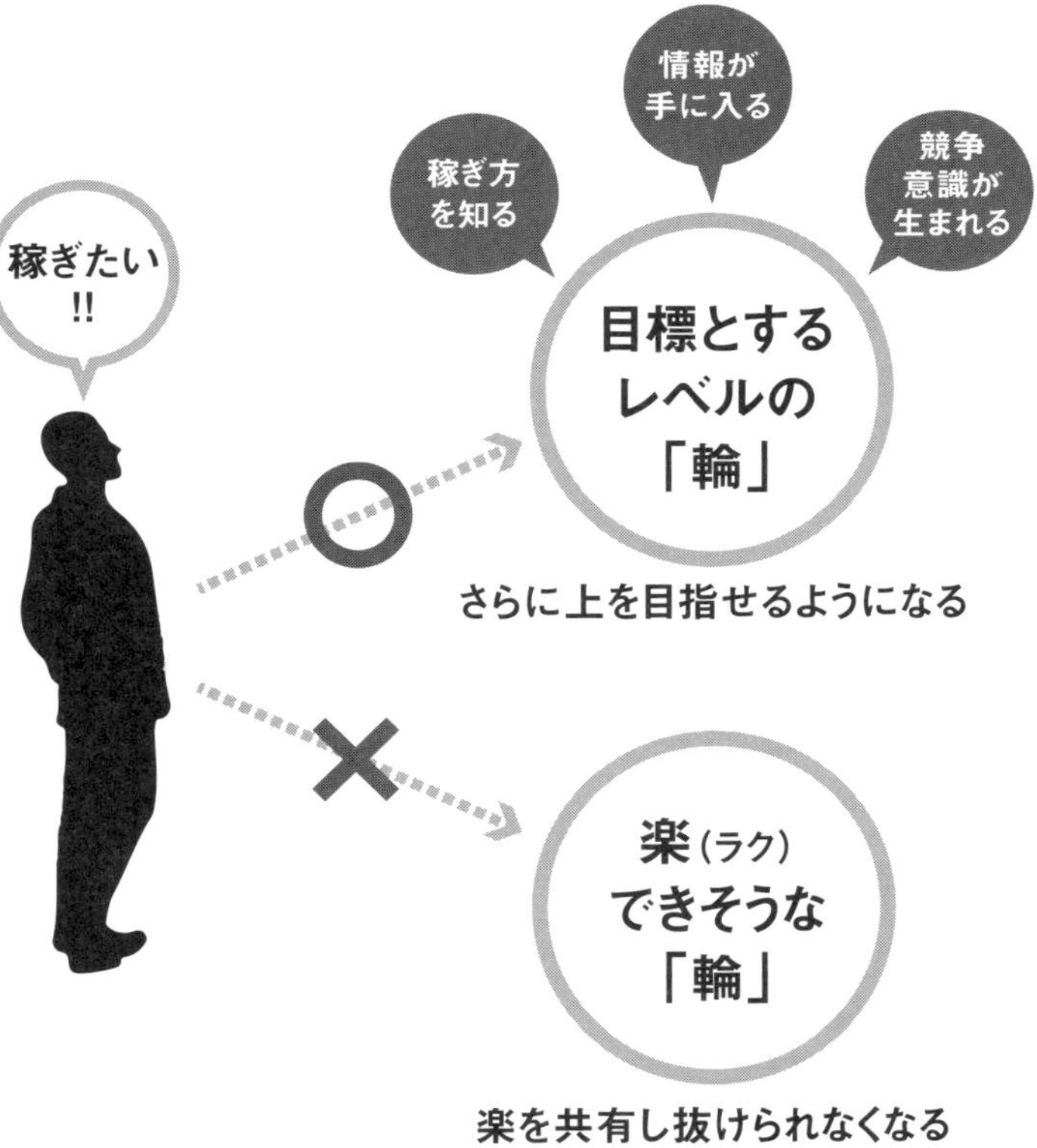

注意 楽(ラク)なことと楽しいことは違う!

成功するための武器＝「輪の中に入る」②

¥ 13 「輪」のレベルは自分にあったものにしよう

◎「輪」の中で経験を積む意識を持とう

自分が加わる「輪」を選ぶとき、わざわざ最初から高いレベルを選ぶ必要はありません。これは人と「出会う」ときと同じです。

その「輪」の中で経験を積めば、自然に次のレベルに進んでいくことができます。たとえば、「輪」の中で手間を惜しまず、情報の提供や発言を繰り返していけば、人から注目されて、影響力を持つようになります。そうなれば輪の中でだんだん人を動かせるようになっていくのが自分でわかるようなってきます。

「これは面白いですよー！」と発言すると、実際にそれを試してみる人が現れる。そして、だんだんあなたの発言によって動く人が増えてくるわけです。

輪の中で「このセミナーいいよ！」と発言したら、そこに行く人が増えてきます。結果的にセミナー運営者から見れば、あなたは集客できる力を持っている！と評価してもらえるようになります。

こうしたフェイスブックでのセミナー集客から頭角を現し、お金持ちになった人も実際に存在します。

◎輪の中心になることを目指そう

輪の中に入ったらそれで満足するのではなく、輪の中で注目される存在になり、ゆくゆくは中心になることを意識してみましょう。

僕は今でも何かの輪の中に入るときは、常に輪の中心となる努力をしています。だから中途半端なことは一切しません。

車にしても、時計にしてもとにかく目立たなくてはいけないという思いがありますから、最高のものを手に入れるようにしています。そしてそれは、そのままモチベーションになります。

ただ、中心となることを意識するのにはもう一つ別の理由もあります。それは、輪の中のマイナスな面に引っ張られないようにするためです。

◎レベルがあっていないとマイナスな愚痴に引っ張られやすい

「こんなセミナー聞いても仕方がないよね、他のところ行く?」

輪の中には、こんなマイナスの発言をする人が必ず存在します。

人はマイナスの方向に引っ張られやすい面があります。輪の中にいるだけで安心して何もしていないと、こうしたマイナスの発言に反応して、悪いほうに引っ張られ納得してしまうということが起こります。

このような傾向に陥りやすいのが、自分がうまくいっていなかったり、あまりにもムリだというレベルのものに出会ったりしたときです。

「あの人ひどいよね」という発言に、自分がうまくいってないと「そうだよね」と同調してしまう。

うまくいっている人がいたとしても、「あの人は特別だから」で済ませてしまう。すべてマイナスです。

「あの人はすごいけれど、自分はまだレベルが違うから、まずはここからやってみよう」というプラスの発想であればいいのですが、悪口などマイナスの要因に引っ張られて意図しない別の方向へと進んでしまう。

いったんそうなってしまうと、クセになってしまい、他の場所に行ってもまたマイナスの思考の繰り返しで、なかなかうまくいくことはありません。

POINT

輪の中のマイナスな影響を受けないためにも、自分が中心になれるようなレベルの「輪」を選ぶ。

成功するための武器＝「コミュニケーション」

14 お金が欲しければコミュニケーションをとろう

◎コミュニケーションは必ず持たなくてはいけない能力

おそらく本書を読まれている方の中にも、コミュニケーションが苦手だという人、一人でやっているほうが楽だという人もいらっしゃるかと思います。

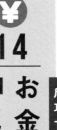

ただ僕は、成功するためにとても大切なことの一つとして、このコミュニケーションを常に強調して伝えています。

たとえばネットでお金を得ようとすると、何かを販売して対価をもらうことが多くなります。また、直接フェイスブックやメールのやり取りを行う場合でも、コミュニケーションをとる場面が多く登場します。成功者や頑張っている人の輪の中に入るためにも、フェイスブック上でコメントしたり、セミナーで情報交換したりといった仲間とのコミュニケーションが必要になります。

トップセールスマンが行う営業トークとまではいかなくとも、相手と意思疎通するためのコミュニケーションがとれたほうが、より成功しやすくなります。

◎どんな方法でもいいので自信をつける

とはいえ、世の中には、それでもコミュニケーションが苦手だなと思う人がいます。

しかし、厳しいことを言うようですが、コミュニケーションが苦手だからそれを避けるというのでは、成功からどんどん遠ざかってしまうと思ってください。「楽しい」と感じることも、「出会い」も、「輪の中に入る」ときも、「コミュニケーション」は欠かせないスキルとなります。

どうしてもムリと思ってしまう人は、まずはネットで仲間との「出会い」を探すことから始めてみましょう。初めはフェイスブックの書き込みに「いいね！」を返すことから始めてもいいでしょう?

成功するためには変わることが必要です。

コミュニケーション能力が足りないと思ったら、コミュニケーションのコーチングセミナーなどに出かけてみるのもいいかもしれません。そこで自信がつくのならそれも一つの手段です。

コミュニケーション上達のノウハウを解説した本を買うのもいいでしょう。とにかくあなたが成功を望むなら、コミュニケーション能力を身につけるように努力してください。

◎あらゆる方法でスキルを磨こう！

出会いを見つけ、楽しい仲間と同じ目標に向かっているときは、自然とコミュニケーションがとれるものです。

そうすれば、モチベーションも上がりますし、チャンスにつながる様々な情報が入ってくると、さらにコミュニケーションのスキルも上がっていくことでしょう。

僕自身は最初からコミュニケーションは得意だったと思います。そこが早い時期に成功することができた大きな要因であったとも感じています。そのくらい、コミュニケーションは成功に不可欠な能力です。

幸い、ネットでビジネスをやる場合のコミュニケーションは文章が中心です。自分を極端にさらけ出さなくてもコミュニケーションを成立させることができます。男か女かがわからないコミュニケーションさえ可能です。

ですから、不得意だなと思っている人は、できないと諦めるのではなく、あらゆる方法でチャレンジしてみてください。

POINT

コミュニケーションは成功に不可欠な能力。避けて通るのではなく、何とか克服しようと頑張ることが大事。

成功するための武器＝「告知力」

15 告知力はＳＮＳ時代最強の武器

◎告知力とは数字である

告知力の大切さは、自分が２００６年2月に一気に成功へと加速しだしたときにすごく感じたことでもあります。

告知力というのは、自分が何かを外に向けて発信するときにそれを受け止めてくれる人がどのくらいいるかということ。いわば告知力とは数字です。

たとえばブログであれば、自分が書いて、そのブログにどのくらいの人がきてくれるのか。

メルマガであれば、自分の配信したメールをどのくらいたくさんの人が見てくれるか、その数を告知力と言います。

この告知力をつけていくことが、ネットでお金を稼ぐためには不可欠なこととなってきます。僕がネットでビジネスを始めた頃には、ブログのアクセス数を集めたり、メルマガの読者をたくさん集めたりということをしていました。

その作業は、多くの人のブログにコメントを毎日何百件も書き込んで関心を持ってもらうという、非常に面倒なものでした。

しかし今は、フェイスブックが出てきて、比較的簡単に告知力がつけられるようになっています。

◎告知力とは友達を増やすこと

告知力を上げていくということは、フェイスブックで言えば、友達を増やすことを意味しています。

僕は、自分のスクールの生徒の皆さんにフェイスブックを始めてもらう際に、最初に、とにかく友達を増やすことを目的にしましょう、と伝えるようにしています。

とにかく友達を増やすことが先決。ここまで説明した「輪の中に入る」ことや「コミュニケーション」、あるいは「楽しい」という成功のために大切な事柄も、この告知力のあとに身につければいいとさえ思っています。

◎告知力がつく＝すごい媒体を手にする

コミュニケーションや輪の中に入ることは、成功のために不可欠な武器ではありますが、それ単体ではお金を生むことはまれです。

ただ、この告知力があれば、それはすごい媒体を手にしたことになり、お金を稼ぐことに直結してきます。

たとえば、ずっとブログに書いていた人が本を出版するというケースも、告知力があってのこと。ユーチューブでヒカキンという有名な人が出てきたのも、自分で動画を撮影し、配信し続け、多くの人に見てもらえる告知力を持ったからです。その告知力のおかげで彼は数千万円の月収を稼いでいるといいます。

有名になれば、自然と出会いが発生しますし、輪の中にも入っていくことができます。

輪の中に入っていけば、自然にコミュニケーションも身についてきます。告知力が他の力に優先するというのは、そういう意味です。

様々な人がやっているフェイスブックに友達申請を繰り返し、友達が一人増えていくごとに、自分は成功に向かって歩いていると意識してください。

何かに向かって歩いているときは、前が全然見えないこともあります。いくら頑張っても、全然友達が増えていかないような気持ちになってしまうこともあるでしょう。でもある日突然、自分に告知力がついたなと思えたとき、それはものすごい力で、ビジネスを加速させます。

POINT

SNS時代の今はビジネスにつながる告知力がつけやすい。まずはネット上の友達を増やすことからスタートしよう。

成功するための武器＝「文章力」

16 難しいことを書けば書くほど わかりづらい

◎動画全盛の時代でも文章力は欠かせない武器

6つの武器の最後は「文章力」です。もしかしたら「文章力」を身につけるのが一番難しいと感じている人も多いかもしれません。

コピーライティングとも言いますが、こう聞くとハードルが一気に上がったと感じることでしょう。

フェイスブックとかLINE@とか、いろんなメディアで何かを紹介する。何かを伝えるというときに、必ず必要になってくるのが文章力です。

いまではユーチューバーなど、動画で情報を配信している人もいます。ただビジネスの世界では、動画よりも、やはり文字メディアを使ったものが圧倒的に多いのが現状です。

フェイスブックなどにも自分の撮った動画を載せることはできますが、それでも一番最初の入り口は文章という場合が多いです。やはり成功のために、文章力は欠かせないものなのです。

◎難しい言葉なんて必要ない！

僕自身、そもそも文章力には自信がなく、文章をほとんど書いたこともありませんでした。文章力がなくて、学歴もなく、その上、本も読んだことがない。まさにそんなところからのスタートです。

ただ、文章を書き始めて思ったことがあります。それは、今まで勉強してこなくてよかった！　ということでした。そんなバカなとお思いでしょうが、これは事実です。

今まで文章を書いたこともなく、大した学歴もなかった僕は、難しい言葉を知らない。それが「利点」となったのです。

普通に大学を出た人にとっては当たり前の言葉の多くが、僕にとって知らない言葉でした。

ですから、ブログには自分が知らなかったことを、自分のわかる言葉で書くようになりました。もちろん知らないのですから難しい言葉は一切使いません。必然的に小学生でもわかるような文章をブログやメールで書いていくことになりました。ただ、その文章は、あらゆる人に理解してもらえるものでした。少々難しいことも、僕の小学生のような文章ならわかってもらうことができる。様々なジャンルの人から、僕の文章はわかりやすいと言われるようになったのです。

◎読者の反応が文章力を磨いてくれる

僕が文章を書き始めたのは、２００５年の12月の終わり。つまり初めてブログを書いたのが、僕の文章歴の始まりです。

少しずつ文章が書けるようになって、そこに読者からの反応があるとどんどん文章を書くのが楽しくなってきました。

そうすると、次第に自分の文章力というものを意識するようになり、文章を書くことに興味を持つようになり、文章の書き方の本なども買ってきて読むようになりました。

ただ、本を読むと言っても、そもそも読む習慣がないものですから、必要なことだけを読む程度。そこでよさそうなノウハウを見つけては、どんどんブログの文章で試し、読者の反応を見ていきました。

そして、そのノウハウがツボにはまって読者の反応がいい感じで返ってくると、さらに楽しくなり、また新たなノウハウを見つけ、読者にぶつけてみる。僕の文章はすべてこうした繰り返しによって身についたものです。

◎何を書けばいいのか？

しかし、文章力を身につけよう！　というと、必ずこんな言葉が返ってきます。

「書く技術以前に、僕には書くことがありません！」

このような人は、自分の引き出しの中のすべてを文章として書こうとして、さらに頭をかかえてしまいます。

しかし、それは大きな間違いです。

当の僕がそうであるように、自分の頭の中のものを出そうとしたって、出るわけがありません。中に何もないのですから。

簡単なのは、いろんな人の言葉を自分の言葉として書くことです。

そもそも世の中に存在する知識は、純粋に自分で編み出したものなど存在しません。すべて、誰かの本を読んだり、先人の言葉に触れたりしたものの組み合わせです。自分でつくったわけではないのです。

だから人が言ったことや、人と同じようなことは言わない（書かない）といった考えは、まずなくしてください。

◎何回も同じ文章を書く？

そしてもう一つ。

前と同じことは決して書かない、という感覚も捨てたほうがいいでしょう。わざと、何回も同じ内容を書いてもかまわないのです。もちろん毎回毎回、同じ内容を書くわけではありません。時を置いて何回も書くということです。

案外読者は文章を覚えていません。しかも、大切な事、共感を得たことは何度も書いてあげるほうが、むしろ読者にとって親切な場合が多いです。

事実、同じ内容の文章を掲載すると、今日の話はいい話でした、という反応がたいてい返ってくるものです。

POINT

文章力を磨くには人の力を利用するのが近道。読者の反応、そして先人の知識は大いに利用しよう。

第3章

ファンをつくってお金を稼ぐ具体的手法

¥ 17 ネットでお金を稼ぐツールとしてフェイスブックを使いこなそう

◎フェイスブックでお客さんを増やす

さてここからは、ネットでお金を稼ぐための具体的な手法について触れていきたいと思います。

そもそも、あなたは、フェイスブックをやっていますか？

フェイスブックはネットで稼ぐために欠かせないビジネスツールである！　ということをまずは認識してください。

ネット上で行うビジネスというのはあなたが発信した情報を、誰かが見ているという関係の中で、その誰かが情報に対するアクションを起こしてくれて（モノを買ってくれて）初めて報酬が発生します。

そのために、ホームページをつくったり、ブログを書いたり、ユーチューブで動画を撮ったりと、いろんなやり方があるでしょう。

そのいろいろやり方がある中で、情報を受け取ってくれる人、つまりお客さんを増やすのに、フェイスブックは、最高のツールであると言えます。

前にも書きましたが、フェイスブックは自分が相手に友達申請をすることによって、どんどん自分の発言を見てもらえる状況をつくり出すことができます。

ブログとかツイッターとかインスタグラムなどでも人とつながることはできます。しかし、能動的に人とつながろうとするには、やっぱりフェイスブックの友達申請が一番。また、双方向で情報を交換する上でも、フェイスブックがやりやすいと僕は思います。

◎面白いものを投稿する必要はない

友達申請をして友達が増えていけばいくほど、自分が投稿したものをいろんな人が見てくれます。ただ初めのうちは、投稿する内容は何でもかまいません。

最初はとにかくフェイスブックに慣れるのが目的。ですから面白いものを載せよう、などと考える必要もありません。

それでも何も書くことがないと悩む人は、たとえばフェイスブックの覚えたての機能でもいいし、友達申請の方法だってかまわないので、一つひとつ機能を覚えるたびに、それを投稿してみるといいでしょう。

そんなもの誰も見てくれないよと思うかもしれませんが、世の中には、その簡単にも思えることを知りたかった！　という人が、たくさんいるのに驚くはずです。実は僕もそうやってきました。

よく「パンダさんだから、そんなにネタも豊富で、投稿できるんですよ！」と言われますが、そんなことはありません。自分も勉強しながら、皆さんにお伝えしていることばかりなのです。

◎始めたばかりの頃はお金のことは考えない

僕の生徒さんの中にもたまにいるのですが、まだフェイスブックを始めたばかりなのに「なかなかお金になりません」という人がいます。

その人はフェイスブックを始めさえすれば多くの人に情報発信ができ、すぐにお金も儲かると思っているわけです。それは大きな誤解です。

たとえば駅前でお店をやりました。看板もありません、そもそも何のお店かもわかりません、という状況では物が売れないのは当然です。

もちろん、リアルな店舗とは違う部分はありますが、まずフェイスブックを始めてみて、どんなことができるのか、どんな情報を発信するのか、どんな人がやっているのか、その仕組みを覚え、自分の情報を発信しながら、友達を増やしていくことを優先してください。

POINT

情報を受け取ってくれる人、つまりお客さんを増やすのに、フェイスブックは最高のツールである。

18 大切なのは毎日投稿すること

◎何でもいいから毎日投稿

フェイスブックを始めたら、とにかく毎日投稿しましょう。
繰り返しになりますが、内容はなんでもかまいません。食事のことでも、日々生活していく中で面白いシーンがあったら写真に収めてポンと投稿する。それだけでＯＫです。

その際に気をつけたいのは、投稿のレベルを絶対に上げないこと。珍しいもの、特別な内容を投稿しようなどと考え出したら、投稿はすぐに止まってしまいます。それが一番よくないパターンです。

始めたばかりのときは、投稿することの意味、そのあとに何が起こるかもまだわかっていない時期です。

ですから、とにかく毎日投稿。これを肝に銘じてください。

投稿する内容は自分の仕事の話でもいいでしょう。自分の仕事のことは毎日のことですから、当然ですが皆さんとても詳しい。だからこそ勘違いしてしまいやすいのですが、あなたの普段のお仕事で、当たり前のように思えていることも、他人にとったら十分興味深いコンテンツだったりします。

たとえば美容師さんだったら、お客さんの髪を後ろから撮らせてもらったり、普通にやっているテクニックを紹介したり……。

それだけで沢山の人が見たがる内容になるのです。とにかく毎日、数多く投稿してみましょう。

◎毎日の投稿で楽しみをみつける

毎日投稿するためのコツはただ一つ。投稿を楽しむことです。

必ず毎日、常にスマホでＳＮＳをチェックするくらい夢中になり、楽しむことが必要だと思います。

そもそもお金を稼ぐのを目的に始めたフェイスブックなので、矛盾するようですが、お金を稼ぐためにいやいややっていてもお金にはなりません。まず楽しくするためにはどうしようと考えて始めることが大切です。

ここで全然楽しくない、苦しいばかりと思ったら絶対に続きません。

ただ勘違いしないでほしいのは、最初はわからないことが多いので誰でも苦しいものです。不安であったり面倒であったり。その上結果も出ません。

ダイエットと一緒です。三日くらい食べないで我慢しても体重が全然変わらなければ、諦めてまた食べ出してしまう、そういう感覚です。

そこで、一緒に頑張る仲間を見つけるなど、楽しみを見つけられなければ長続きはしません。

ですので、まずはフェイスブックで色んな人と交流し、写真を投稿したりして、いろんな仕組み知り、利用しながら楽しんでいくようにしましょう。もともと簡単に始められるフェイスブックですが、最初の時点でハードルがあるとしたらそこだけでしょう。

◎結果の現れ方は人それぞれ

さらに、知ろうとする姿勢も欠かせません。

フェイスブックはどんなものなのか。ネットビジネスってどのようなものなのか。こうした興味を持つことが大切になってきます。

漠然とフェイスブックを始めました、毎日記事を投稿しました、広告代理店に登録しました、広告を紹介しました、ではお金は発生しません。

皆さんがこれからやろうとするビジネスは、何かをすれば必ず計算された結果が出るというものではありません。何時間働けば、計算通りのお金がもらえるという仕事であれば、時給計算の仕事と同じです。

よく、どのくらい記事を投稿したらいいんですか？　と聞いてくる人がいます。一日何時間やったらいいですか？　何記事投稿したら稼げるようになりますか？という質問も必ず出てきます。

しかしこのビジネスでは、運もあるし、きっかけもあるだろうし、出会った人によっても大きく結果は変わってきます。

1万回投稿しても稼げない人は稼げない。10回、20回投稿しただけでコツをつかんだ人はすぐに結果が出ます。

もちろんやり方を覚えることは必要です。

しかし、そのやり方に従って実行していくうちに、そのやっていること一つひとつに対して誰と出会ったり、何をしたり、あなたがそこでどんな考え方をするかで結果が全部変わっていきます。

ですから、今のあなたにできることは、まずフェイスブックに夢中になって、いい人と出会って、仕組みを覚えることです。

先ほど、何でも書いていきましょう！　と申し上げました。たくさん投稿することがまず大切ですと。しかし内容に関して、一つだけ注意があります。それはネガティブなことは書かないことです。

ネガティブな表現には、ネガティブな人が反応し、寄ってきます。そんなネガティブな輪の中では、あなたの目的である、お金を儲ける、お金持ちになるという目的は果たすことができなくなります。

POINT

フェイスブックに投稿した内容を常にスマホでチェックするくらい夢中になり、同時にそれを楽しむことが大事。

19 投稿しっぱなしはNG 必ず検証しよう!

◎毎日検証もする

前項で説明した毎日投稿には、その投稿に対してリアクションを見る（検証する）という意味もあります。どんな投稿に、だれが、どのように反応するのか？これを見る（検証する）のはとても大事なことです。

たとえば、10日に1回しか投稿しないのであれば、1年で、36回しか投稿しないことになります。ということは、1年で36回しか投稿に対するリアクションを検証できないということです。それではお金を稼げるようにはなりません。当たり前の話です。

投稿に対して反応が欲しいというのであれば、「わからないこと、疑問などがあったら、どんどん質問してください！」という内容を投稿に入れておくのもいいかもしれません。それに答えているうちに自分の引き出しがどんどん増え、話題も広がっていくことでしょう。

◎失敗すればするほど引き出しは増える

同じ人たちに対して、皆が投稿していくのでしたら、喜ばれる記事の内容は大体傾向がわかってきます。しかし、そんなことは現実にはありません。

マーケットによってウケる投稿の内容はすべて変わっていきます。

そもそも相手が全員外国人だったら、日本語で書いてもウケるわけがありません。アニメ好きばかりが集まっているところで、いくらお金の話をしてもウケません。

これは実際にやってみないとわからないことです。友達申請をして、自分が好きなアニメの話をしていたからアニメ好きばかりが集まってしまった！　だからビジネスとしてはダメだった！　そういう経験をすれば、ダメだったという大切な学びの引き出しを増やすことが出来ます。実際にやって成功したり失敗したりしていきながら引き出しが増えるわけです。

無駄なことをすればするほど、失敗すればするほど、引き出しは増える。だからどんどん失敗したほうがいい。だから数多く投稿する必要があるのです。

◎いいことはどんどん実行、つどつど検証

読んでもらいやすい投稿ってどんなものですか？　という質問もよく受けます。しかし、たとえば僕が「ひまわりの写真を載せるといいですよ！」と言うと、みんなひまわりばかりを載せるようになるでしょう。一斉にひまわり。それでは何の効果もありません。

自分が成功するためには、自分で友達を増やして、その友達の中で、反応のよいもの探す、というプロセスを取らないと、個性の全くない投稿になってしまいます。自分で、成功も失敗もしていないと、ウケていたものがダメになったり、

飽きられるなどしたときに、何も対応ができなくなってしまいます。

ただ、投稿に際し、読みやすさは必ず意識したほうがいいでしょう。

文章にしても読みやすい文章なのか、読みにくい文章なのかで大きく差が出てきます。

改行すれば読みやすい印象になるのかや、わかりやすいタイトルになっているのか、などの検証も大切です。

本当に細かい気づきの積み重ねでしか、読みやすい文章はできていきません。

たとえばタイトルの頭には■をつけて投稿するなどもそうです。

見出しを見て人は文章を読み始めます。文章は1行目が大事だから見出しの頭に■がつけられているんだ！　そう気づいたらすぐにやってみます。

短い文章を何回も連載する場合、必ず次の回が気になるような終わり方をするほうがいい、と聞けば自分の書くものにもすぐに取り入れてみる。

写真についても、ただ漠然と写真を載せるのではなく、いろんな写真の中で、どの写真に一番反応があったのかを常に意識しておきます。

このように読みやすい文章を書くためには、常にアンテナを張っている状態で、いいというものがあれば、どんどん自分で試してみることが大事です。

言われるのを待っていてはだめです。

フェイスブックを始めました。アカウントをつくりました。次やることを教えてくれるのを待ってました。ではダメなのです。

そこで言わなかった相手が悪いのか、言われるまでやらなかった自分が悪いのか。成果は、気持ちの持ち方で決まると思います。

◎見るほうの気持ちを常に意識

一つひとつ実行してみて、周りの人がどんな反応をするかを見て検証する。

その際、相手がどう思うのかを想像して投稿することも大切だと思います。

相手が友達申請をしにあなたのフェイスブックを訪れたときに、プロフィール写真が、こんなものだったら相手はどう思うか。写真が入っているのと、入っていないのでは、相手はどちらを読みたくなるのか。

プロフィール写真がとても可愛いというだけで、見ている人は友達になりたい！　と思うこともあるでしょう。

自分が見たい！　と思うフェイスブックにどんなことが投稿してあるのかを研究するのもいい方法です。

「いいね！」がたくさんついているフェイスブックには何が投稿してあるのか。これをたくさん見ていくことでも、引き出しはどんどん増えていきます。

POINT

人に見られる投稿は人から教えられるものではない。「こうすればいい反応が得られる」は自分で探す意識を持とう。

¥

20 「いいね！」と「コメント」でファンを増やす

◎フェイスブックでファンをつくるには？

前にも述べましたがフェイスブックの最大の特長は、いろんな人と自由につながることができる点です。

これからあなたはネットを使って、アフィリエイトとか、ビジネスの広告で稼いでいくわけですが、そのプラットフォームになるのがフェイスブックです。

人とつながっているフェイスブック自体が広告媒体になりやすいという面もあります。ですから、毎日投稿したり、いろんな人とつながっていくことによって、自分の投稿を見てもらい、そのフェイスブック上のやり取りで、「ファン」をつくっていくことが大切なのです。

「ファン」と聞いて「自分なんかにファンなんて」と思われるかもしれません。僕も一番最初にブログを書いたときに、そう思っていました。

でもブログやメルマガを始めると、「パンダさん、パンダさん」と慕ってくれる人が少しずつ増えてきます。最初は3人とか5人といった少ない数だったのが徐々に徐々に増えていくのです。

そのファンの数がわかるのが、新聞や雑誌などと違うブログやフェイスブックのありがたいところです。ただ単に情報を一方通行で配信するだけでなく、ブログであれば、コメントをもらったり、そのコメントに返事をしたり、他のブログにコメントをしたり。

メルマガであっても、なるべく送るだけではなく、「よかったら感想くださ い!」とか、「よかったらメールをください」ということを書いておいて、そこにメッセージをくれた人に丁寧に返事をしていきます。この小さなことが積み重なって次第にファンができていくわけです。

◎ファンを選べるのがフェイスブックのいいところ

フェイスブックでファンをつくるといったときに大事になってくるのは、「いいね！」をすることと「コメント」をすること。この二つです。

フェイスブックにおいてコメントする意味は、僕がブログを始めた頃の、コメントの書き込みであったりメルマガを起点としたコメントのやり取りといった、コミュニケーションを意味しています。

ファンは毎日一人ずつ増やしていくような気持ちを持ってください。極端な話、100人のファンができたら、一生食べていけるんじゃないか、というくらいすごいことだと思ってもらってもいいでしょう。

ここでポイントとなるのがフェイスブックのファンは、芸能人や著名人などのファンとは違い、自ら選ぶことが出来るということです。

具体的にはフェイスブックの「いいね！」やコメントでのコミュニケーションを徐々に意図的なものにしていくのです。

すると次第にあなたが求めるファンが集まり始めることでしょう。なぜそうする必要があるのか？　それは、アフィリエイトで、自分がいいと思ったものを紹介して、紹介したものに興味を持ってくれて購入してくれた結果、報酬が入ってくるという仕組みのためです。

つまり、集めるファン層を自分で決めることが効率よく報酬を得る方法となるのです。

◎「与える」気持ちを大事にしよう

コミュニケーションは相手があっての話です。自分の一方的な気持ちだけで成立するものではありません。

この時に忘れてはならないのが、「与えてあげる」という気持ちです。自分がコメントしにいった人に何かを与えてあげることが、コミュニケーションにおいて一番大切なことなのです。

では、コメントをしてあげることが、どうして与えるということになるのかを説明しましょう。

たとえば今あなたはフェイスブックを始めたばかり。何をどうすればいいのかわからず、投稿するのにもおっかなびっくりの状態だったとしましょう。

そんなときに「どうしたの？」「大丈夫？」「こうしたほうがいいですよ！」「ここにはこうしたほうがいいって書いてありましたよ！」といったことを教えてあげるということが、どれほど相手の心に響くか。

それを考えてほしいのです。

◎「与える」「与えられる」の関係がいつしかお金に換わる

今でこそ僕は皆さんにパンダ先生などと呼ばれていますが、２００５年の12月にブログを始めたときには、植木職人のお兄ちゃんでした。それが、徐々にいろんな人と交流を図りながら、ネットやセミナーを通して様々な情報を提供してきたことで、少しずつパンダ先生になってきたわけです。

ですから皆さんもフェイスブックを通してコミュニケーションを図る際は、自分の持っているものを人に与える、相手の喜ぶことをしてあげるということを常に意識するようにしてください。

その毎日の積み重ねで、だんだんファンが増え、あなたの力になってくれ、そのつながりがいろいろなビジネスを生み出し、いつしかお金に換わっていきます。

POINT

「いいね！」やコメントでのコミュニケーションを徐々に意図的なものにし、「ファン」をつくっていく。

¥ 21

フェイスブックでつくる友達は5000人を目指そう

◎最初は誰でもいいから友達申請

ここまで、フェイスブックの投稿する意味、友達をつくっていく大切さ、何を投稿すればよいのか、などについてお伝えしてきました。次はいよいよ具体的な目標を設定していきます。

いきなりですが、フェイスブックでつくる友達の目標は5000人としてください。基本的に最初のうちは、友達は誰でもかまいません。性別も年齢も、好きなことも関係なく、とにかく5000人という数字にコミットしていきましょう。

なぜ手あたり次第に5000人なのか?

答えは簡単です。そうしないとモチベーションが持続しないからです。

最初からお金に直結するような特定のファンは探せません。まずは人数。とにかく友達を5000人にするまで頑張るという目標を持ちましょう。

とはいえ、たぶん多くの人は5000人という数字を見て驚いていることだと思います。しかし、僕の経験から言えば、ただ5000人を目指して友達申請を繰り返すだけなので、誰でもできる、決して難しいことではありません。

友達申請をして、友達の数が増えていくのを見るだけでも励みになりますし、ひたすら友達申請を繰り返していけば、数字は絶対に増えていきます。これがモチベーションを持続させます。

たとえ属性がばらばらで、その友達がお金に結びつきにくい人たちであっても、友達5000人は、あなたにとってすごい財産になります。

人から見ても、あなたのフェイスブックが素晴らしい反応を得ることのできる場所というふうに見えてくることでしょう。

しかも、5000人にする過程で、あなたはたくさんのことを学ぶことにもなります。どんな写真を投稿すればいいのか。どんな見せ方をすれば読みやすいものになるのか。何の話題が喜ばれるのか。読みやすい文章は何か。

友達を増やす過程では、こうした細かい経験が積み重なっていきますし、それがすべてあなたの貴重な引き出しになっていきます。つまり、友達を増やすことで検証の精度も上がっていくというわけです。

あらゆるものを試すと、ダメなものがいくつも見えてきます。

文章が書けないのだったら文章を書く練習をすればいい。

よい写真が撮れないのだったら撮る練習をすればいい。

億万長者になれるのだったらいくらでも練習ができるはずです。

◎フェイスブックの友達5000人の価値

このように言われても5000人はやっぱりと思う人も多いはずです。そのような人のために、友達が5000人いることの素晴らしさと、それがどのくらい大変な価値を持っているかをここでお話ししておきましょう。

たとえばもし、あなたのフェイスブックの友達が5000人いて、何かを投稿すると「いいね！」が数百、書き込みが２００や３００件つくようなことになっているとしたら……。あくまでこれは僕の感覚ですが、僕はそのフェイスブックのアカウントを30万円くらいで買うと思います。

それが、記事を投稿すると１０００くらいの「いいね！」がつくまでに育っていたとしたら、１００万円で今すぐ買いたいと思うことでしょう。そのくらい友達が増え、告知力がつくということには価値があるのです。

ですから、最初から５０００人はムリだと諦めてしまわずに、友達の数を増やすという行動の価値と素晴らしさを頭に入れ、ぜひチャレンジしてみてください。

POINT

友達を増やす過程で投稿の検証を繰り返し、腕を磨き、告知力の価値をどんどん高めていこう。

¥ 22 友達が5000人できたらやること

◎友達が5000人になったあとは？

友達が5000人までいったら、次に友達を解除していきます。

「せっかく5000人になったのに解除！」と思われるかもしれません。

しかしこの解除の作業は、あなたの友達の質を上げていく上で、欠かせないものなのです。

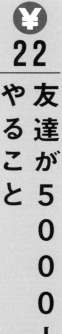

解除の対象は、今後自分がお付き合いしていても、あまりメリットがないだろうなという人。たとえば野球が大好きで野球の投稿ばかりしている人はビジネスには興味がないわけですから、削除していくという発想です。

また外国人であったり、全くログインしていなさそうな人などもどんどん解除していきましょう。

自分から申請しておいて解除するなんて、相手はどう思うのだろうと心配する人もいるでしょうが、そこはドライに。自分のお客さんとして考えられない人には気を使ってもしたかがないということです。

友達を解除して、人数が減った分は、またこれまでやっていた通り、友達申請をしていくことで増やしていきます。

ただ、5000人規模になってくると、友達申請が逆にくるようにもなりますので、それを承認するだけで、減った分の人数を増やしていくこともできるようになっているはずです。

これを繰り返すことで、5000人の質をどんどん向上させていきます。

面倒くさがらずに、フェイスブックの友達5000人は自分の財産だと思って、大切に考えほしいと思います。

◎5000人に増えたら起きること

友達を増やし、ファンをつくればつくるほど、アンチも増えてきます。この辺りは芸能人と一緒で、致し方ないことです。

では、アンチへの対処をどうするかというと、「相手にしない」、これに尽きます。なぜなら、アンチの人たちは自分に対して何の影響もない人たちだからです。あなたが強烈な個性を持って、ファンを増やすと、その反動としてアンチも多くなってきます。そのアンチの相手をするなどは時間の無駄でしかないので、他の人たちとのコミュニティーを大切にすることに時間を使ったほうがずっといいと考えましょう。

一方で、友達が5000人に増えたときの拡散力を考えてみてください。5000人のうち、1割の500人があなたのファンでその人たちがあなたの情報をシェアしたとしましょう。その500人の先にはさらに多数の友達が存在していて、仮にそれが各50人だとしても、2万5000人。もしファンが1000

フェイスブックの友達は5000人

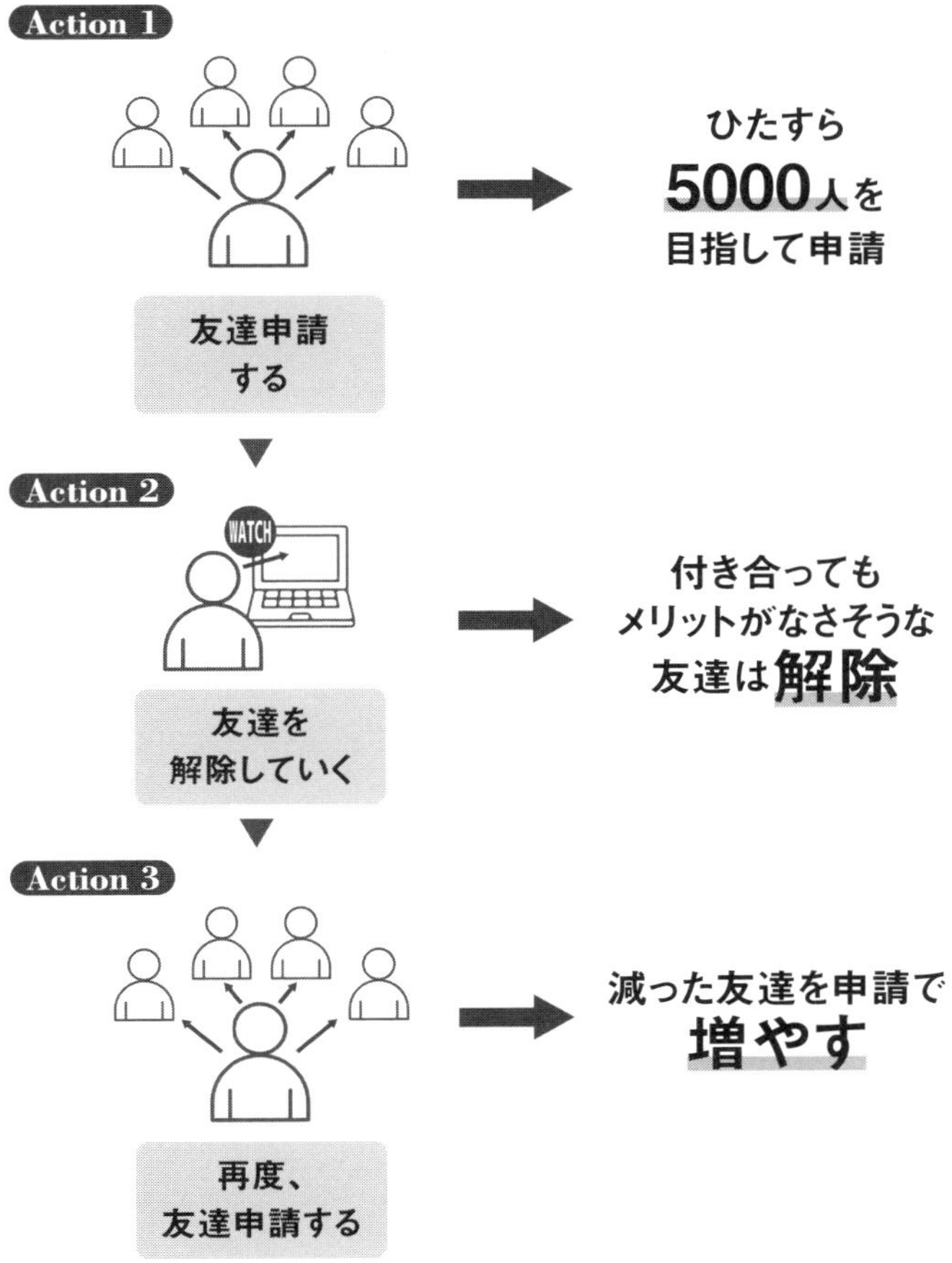

人だとしたら5万人に情報が拡散されていきます。５０００人の内のファンを増やすとはそのようなことなのです。

単にあなたの友達が５０００人で留まるのではなく、その質を上げることで、友達の一人ひとりがさらに大なり小なり情報を伝達していく。５０００人の質のいい友達に情報を発信することとは、言ってみれば、日本中にある大小の通信社に情報を提供しているような、素晴らしい情報伝達方法を持つということなのです。

POINT

５０００人の友達の質を上げていけば、あなたのフェイスブックは魅力的な広告媒体となる。

¥

23 過去の投稿を使ってさらに検証してみよう

◎長く稼いでいくための試行錯誤

友達5000人の質を上げていく作業と同時に、どんどん自分の投稿を読んで「いいね!」をしてくれる人、書き込みをしてくれる人を増やしていく作業も必要になってきます。そのためには、内容を、その5000人の人たちに響くものにしていかなくてはなりません。

たとえばこの広告とこの広告、どっちがクリックされるのかな? と常に検証する。どちらがより多く成約するのか、飛ばした先でどのようなことになるのか? あるいは、この文章を送って読んでもらったときに、どちらがより多く読んでもらえるのか? いろんな引き出しを増やすためには、一つ行動を起こすた

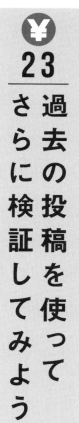

びに検証が必要になってきます！

たとえば最初のうち、何かが売れたり、成約したりすると、単純にうれしいと思います。でももしかしたら、Aということをやっていて、Bという方法に変えたらそれまで5件の成約が10件になった、１００件が２００件になったなどということもあるはずです。

ですから過去に投稿した内容であっても、何度も見にいってほしいなと思います。たとえば一番最初、まだ何も知らないときに投稿した内容を見てタイトルが気になるのであればそのあと身につけた知識や経験を踏まえて、もう一度タイトルを考え、新たに投稿しなおしてみる。

この検証をやるかやらないかは、あなたが今後長く稼いでいけるかいけないかを決めるくらい大切なことです。

ですから検証ということを常に頭に意識しておいて、たとえ過去にあなたが実行した手段で成功したことでも、これをやったらＯＫ、あとは放置というのではなく、こんなやり方はどうだろう？　こうしたらどうだろう？　と新しいやり方を導入して、ぜひ検証を繰り返していってください。

◎続けることの重要性

繰り返す。つまり継続することは本当に重要です。僕は継続することで人は初めて結果を得ることが出来るとさえ思っています。

前にも言いましたが、結果が出るタイミングは人それぞれに異なります。スポーツもそうですし、ビジネスもそうですし、勉強の成果もそう。1から10までのことをやれば、すべての人が同じ結果となる、なんてことはありません。人それぞれ異なる性格や生活、環境があって、いろんなことを学んでいます。ですから、同じことをやっても、結果や結果の出るタイミングというのは人それぞれになります。だからこそ継続していくことが必要になってくるのです。

POINT

他人の成功体験を真似るのではなく、自分自身の検証を継続して行うことのほうが大事。

24 アフィリエイトを始めてみよう

◎アフィリエイトって何？

実際にファンをお金に換える方法はアフィリエイトでやっていきます。

アフィリエイトとは、インターネットを使ったマッチングビジネスの手法の一つです。フェイスブックやメールマガジンなどに企業サイトへのリンクを張り、閲覧者がそのリンクを経由して商品を買ったり広告がクリックされることで、リンク元サイトの主催者、つまりあなたに報酬が支払われるというシステムです。

以前はブログに広告を張りつける方法が主流でしたが、本書で紹介する通り、現在ではフェイスブックを使ったアフィリエイトがその中心となっています。

ただ、読者の皆さんや私も同様ですが、フェイスブックを運営している人は、直接企業と結びついているわけではありません。それは新聞社やテレビ局が直接スポンサーと取引をしていないのと同じで、フェイスブックでもすべて広告代理店を通しての広告活動になります。

アフィリエイト広告の場合、この広告代理店に当たるのがアフィリエイト・サービス・プロバイダという存在です。略してASPと呼ばれることもあります。

あなたがフェイスブックの友達を増やし、ここから収入を得ようとする場合、まず最初に行うのが、このASPへの登録です。もちろん5000人に到達する前に登録を行い、並行してそのノウハウ、経験を積むのもいいでしょう。

ただ結果が出にくい状態で登録を急ぐと、あなたのフェイスブックは結果が出にくい媒体として認識されてしまう可能性もありますので、ある程度、友達の人数が増えてからチャレンジしてみるのがいいでしょう。

◎アフィリエイトをやっている人とつながろう

アフィリエイトセンターに登録したあとは、ぜひSNSやフェイスブック、インスタグラムなどをテーマにしたリアルなセミナーなどに行ってフェイスブックなどでアフィリエイトをしている人にコンタクトをとり、仲良くなってください。つまり、「輪に中に入る」（73ページ参照）のです。

何か目的を持って行動している人たちの輪の中に入ると、モチベーションが上がりますし、維持もできます。たとえ会うのが難しい場合でも、フェイスブックなどのグループでアフィリエイトをやっている人、グループじゃなくてもこの人はアフィリエイトをやっているのかな、と思ったら、その人のフェイスブックにコメントをしたり、いろんなアクションを起こしていきましょう。こうして、いろんなアフィリエイトをしている人とつながっていくことによって、多くの知識が自分に入ってくるようになります。

POINT

フェイスブックでアフィリエイトを行う場合は、友達の数を増やし媒体としての価値を上げてからにしよう！

¥

25 オプトインアフィリエイトをやってみよう

◎今熱いオプトインアフィリエイトとは？

アフィリエイトを知っていても、オプトインアフィリエイトは知らないという人は多いでしょう。

今このオプトインアフィリエイトは、アフィリエイトの常識を変える広告手法として大きな注目を集めています（２０１８年7月時点）。

オプトインアフィリエイトとは、簡単に言うと、広告を紹介し、それを見た人がメールアドレスを登録することで報酬が発生するものです。

具体的にはアフィリエイトタグ（どの広告を経由してきたかがわかるようになってい

るコード）を使って飛んで行った先のサイトで広告を見た人がメールを登録すると、報酬が発生する仕組みです。

一件３００円とか、５００円とか１０００円とか。高いスーパーアフィリエイターになると１件３０００円や、スタート時に１万円の報酬が設定されることもあります。１件メールアドレスを登録するだけで、この報酬を得ることが出来る、本当にすごい仕組みです。

たとえばフェイスブックで友達になって、アクセスしてくれている人に対して、「このメールに登録すると、こういうことが学べますよ！」「こんなこと知りたい方は、ここにメールアドレスを登録して動画を見てください！」と紹介する。それを見た人が、そのサイトを訪れてメールアドレスを登録する。それだけで報酬が発生するのです。

◎オプトイン広告で稼ぐために重要なこと

オプトインアフィリエイトで成約させせるために大切なことはすごくシンプル。

オプトインアフィリエイトとは？

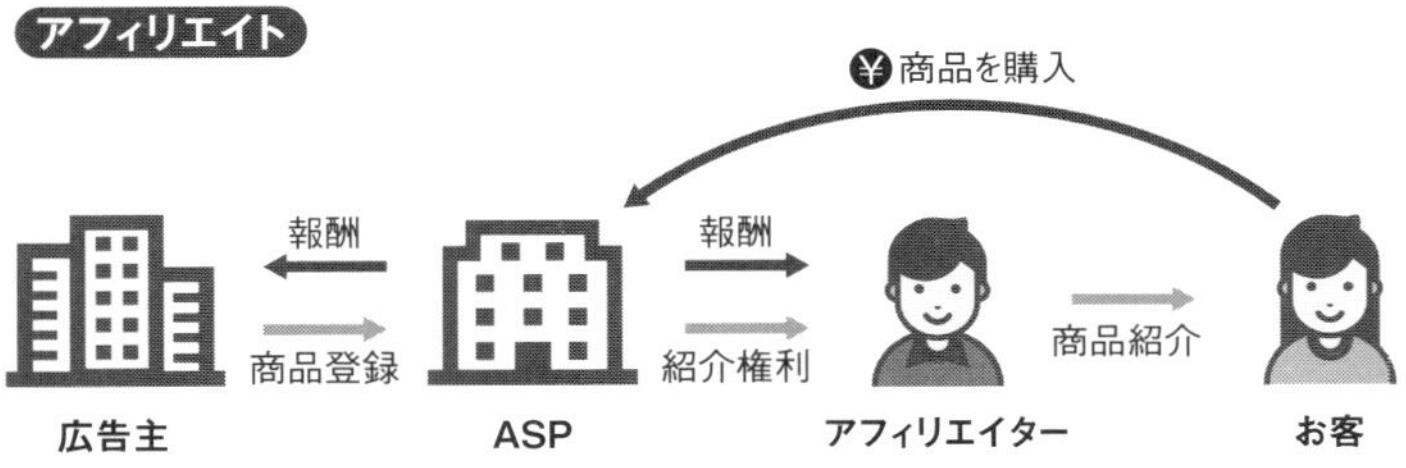

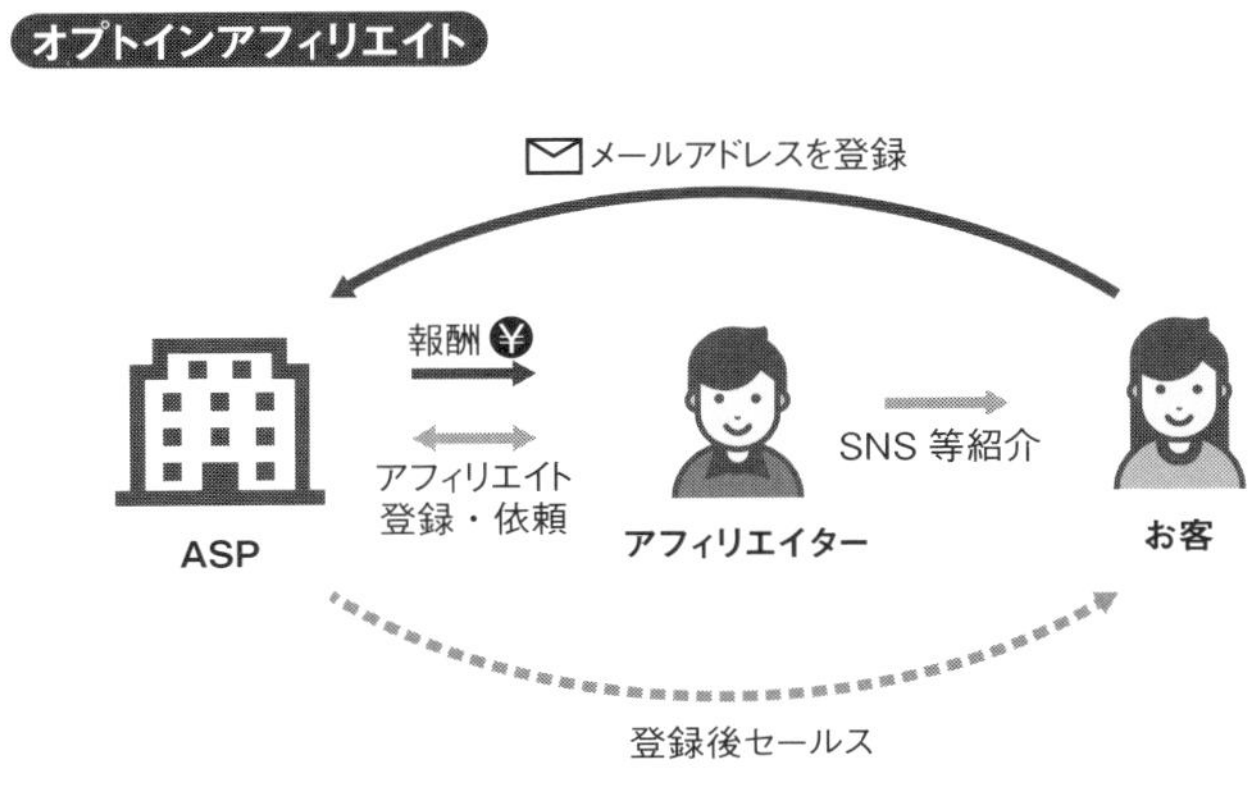

広告を見てもらい、そして、いかにクリックしてもらうかということです。

フェイスブックで、ただ単にこれを見てくださいというのではなく、このクリックした先にある個々の部分、たとえば「たった一週間で1000万円稼ぐ方法」というのが中に書いてあるとしたら、そこに「この動画を見るだけで、その1000万円稼いだ方法がわかってしまうかも！」というような言葉を入れておきます。

先に行かなければわからない、動画を見なければわからない、といった具合に期待を持ってもらうため、そういう言い方をするわけです。

動画などが先に見られる場合であれば、その動画の見てほしい部分をしっかり解説しておくことも大切です。

見てほしいところが動画が始まって15分くらいのところに2つあるとすれば、その個所の時間を示しつつ「とても大切なことを言っているので、必ず見てください！」と強調しておくことが非常に大切になってくるのです。

また、オプトインアフィリエイトではスタート時間の告知も重要です。

広告動画が3日後の夕方、18時にスタートするなら、あなたが行う告知もその日の18時には必ずをスタートさせていなければなりません。

稼げるシステムであるほど、ライバルは多いと思ってください。そのライバルたちも先を越されまいと必死なのです。

◎オプトインアフィリエイトでやってはいけないこと

さて、この章の最後にオプトインアフィリエイトの注意点を紹介しておこうと思います。

オプトインアフィリエイトはアフィリエイトタグでページに飛ばして、そこでメールアドレスを登録してもらえると1件いくらという報酬が発生する、ごくごく単純な仕組みになっています。

単純な仕組みだからこそ、皆さんが知らず知らずのうちにやってはいけない不正を働いてしまっていることがあります。

たとえば1件1000円も貰えるからといって、友達にとりあえずこのページに飛んでメールアドレスを登録してよ！　と、登録してもらう。これが一番のNGなパターンです。

そして、次にNGなパターンがフェイスブックとかブログで、ここに登録してくれたら何かあげますよ！　という交換条件で登録してもらうこと。

モノをあげていたらキリがないというところもありますが、結局のところ、オプトインアフィリエイトは、アフィリエイトを運営している会社（個人である場合もありますが）にメールアドレスを登録してもらって、その登録した人に、運営している会社が商品を販売するためにやっているものです。

それがメールを登録してもらったはいいものの、商品が全く売れないでは運営側には何のメリットもありません。最悪報酬を払ってもらえなくなることも考えられます。

POINT

魅力的なシステムほどライバルが多い。そのライバルに後れを取らないよう、まずは知識の習得を！

第4章

一生稼ぎ続けるためのお金持ちマインド

¥

26 捨てる勇気を持つ

◎自分の中の「普通」を捨てる

さていよいよ最終章です。これまでお金持ちになるまでのノウハウをいろいろとお話ししてきました。ここからは、お金を稼ぎ殖やし続けるために必要なマインド、つまり心の持ち方についてお話ししていきたいと思っています。

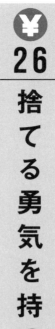

皆さんは、これまで生きてきた中で、様々な経験をし、多くの知識をため込んできたことと思います。

しかし、僕がこれまで教えてきた方々を見ていて感じるのは、お金持ちになりたいのなら、こうした過去の知識や今まで積み上げてきた経験を一度捨てることも必要だということです。

もちろん過去の知識や経験が、お金儲けにプラスになることもあります。でもほとんどの場合、過去の知識や自分が積み上げてきた経験は無駄、それ以上に邪魔だと思ってもらったほうがいいと僕は思っています。

これには理由があります。

もし過去の知識、経験が本当にお金持ちになるために必要で、有効なものであるのなら、もうあなたは成功し、お金持ちになっているはずだからです。

でもまだお金持ちにはなっていない。つまりあなたが今持っている知識や経験は、お金儲けという部分では、役に立っていないものだったということになります。さらに言えば、役に立たないだけならまだしも、古い知識や経験は、新しい知識を身につける邪魔にもなります。

たとえば僕が、成功するためにはサイトのタイトルはこうしたほうがいいですよということをアドバイスしたとします。しかし、これまでの知識、経験を捨てきれない人の多くは「普通はこうなんじゃないですか?」といった具合に、普通はという言葉で、自分の意見を通そうとします。

僕がお伝えしようとしているのは、今まであなたが持っていなかった、お金持ちになるための知識、ネットで成功するためのノウハウです。

つまりそれは、あなたの「普通」では獲得することのできなかった内容であり、あなたの「普通」では受け止められないものであるわけです。

ですから成功したければ、いったん全部捨てて新しいものを取り入れていくようにしてください。つまり、「普通」という考えを捨てるのです。

◎「普通」を捨てる方法

では、その「普通」をどのようにして捨てればいいのでしょう？

たとえば僕があなたに、「明日から３６５日、１日10本のブログを書いてください」と言ったとしましょう。あなたはどう答えますか？

たぶん、その場でできない理由を並べるのではないでしょうか。

「そんなに書くことがない」

「仕事が忙しくてムリ」

「旅行にも行けなくなる」

これらはすべて、あなたの「普通」の感覚から出ているものです。

では、僕が「もし365日、10本ずつブログを更新することが出来たら1億円差し上げます」と言ったらどうでしょう。

あなたはそう言われても、できない理由を考えているでしょうか。

きっとその瞬間に頭が切り替わり、「どうやれば365日、1日10本ずつブログを更新することが出来るか」という発想に変わっているはずです。

「朝、昼、晩と書いていけばできる！」

「食事とダイエットのことを細かく記録し続けよう！」

「1億円の中の3000万円を使って人を雇い、書いてもらえばいい！」

などなど、365日、どうやったらブログを書き続けられるのか？　あなたはあらゆる方法を考えるはずです。

お金儲けができている人は、その行動の後ろにある1億円が見えている人です。1億円が見えているから、あっさりと行動に移すことが出来る。つまり、「普通」の壁の向こう側にあるメリットを見ているのです。

◎もう一つ捨てるもの＝「付き合い」

普通を捨てるためのもう一つの方法があります。

それは、レベルの高い「普通」を持っている人たちの輪の中に入ることです。

輪の中に入れば意識は変わるし、行動も変わります。

「ブログを３６５日、10本ずつ更新するって、別に普通でしょ」

そんな人ばかりがいる輪の中に入れば、あなたも普通にそれが出来るようになるし、その作業自体が楽しく感じてくることでしょう。そうすると、捨てなければいけないものが出てきます。それは何か？

ずばり「それまでの付き合い」です。

これは意識的にではなく、結果的にそうなった部分もあるかもしれませんが、僕はここまでくる過程において、友人との付き合いを捨ててきました。

理由は、そのとき付き合っていた友達と一緒にいるのがだんだんうっとうしくなってきたからです。

ネットでビジネスを始め、お金が稼げるようになると、仕方がない結果であったのかもしれません。これから家に帰って、少しでも早くパソコンに向かいたい！　そう思っているときに、居酒屋に誘う友人が煩わしく思えたのです。向かっている方向が決定的に違ってしまった相手との付き合いは捨てなければいけない。そう割り切ったほうがいいでしょう。

「いやそんなことまでして金持ちになっても」と思う人は、現状のままいるほうが幸せです。

とはいえ、過去の僕がそうだったように、自分がお金を稼ぐことにのめり込んでいくと、そもそも周りにいる友達とだんだん話が合わなくなってくるもの。

あなたが望む、望まないにかかわらず、自然に友達が離れていってしまうということもあるでしょう。

POINT

お金持ちになりたいなら、今の自分の「普通」と、これまでの「付き合い」を捨てる覚悟を持つべき！

¥

27 家族や友人はドリームキラー

◎変わりたい自分を邪魔する存在

「お金が欲しい！」

「だから自分は変わるんだ！」

あなたが真剣にそう思って、これまでの「普通」と「付き合い」を捨てる決心をしても、あなたの周りで、あなたが変わること、お金を稼ぎ、成功することを諦めさせようとする人たちが出てきます。

ドリームキラーと言われる人たちです。ちょっと怖いネーミングですが、その正体は家族や友人たちです。

人間は弱い存在です。いくら決心をしても、「そんなのできるわけないよね」

と身近な人に言われてしまうと、心が揺らぎ、やるかやらないか迷いだし、最終的にその言葉に引っ張られ、「そうだよね」と諦めてしまう。そのようなことは少なくありません。

たとえばあなたが30歳だとして、その誕生日に、家族や友人向かって「僕は宇宙飛行士になりたい！」と宣言したとしましょう。

家族や友人の反応はだいたいたい想像がつきます。

「ムリだよ！」「その年で？」、そんな返事ばかりだと思います。

でも、そんな言葉をあなたにかける人たちの中に、だれ一人として宇宙飛行士になっている人はいないはずです。つまり、本当のところは何もわからないのに、やめたほうがいいよ、ムリだよと言っているわけです。

あなたが「仕事を辞めてお金持ちになるんだ」という相談をしたとしても、たぶん同じような返事が返ってくることでしょう。

「仕事を辞めたら大変だよ」「きっと騙されているんだよ」とかなんとか……。

でも相談した家族や友人はお金持ちでなかったりする。

お金持ちの行動も考え方も全く知らないで、とにかくあなたを止めようとするわけです。彼らは、知らないから止めるしかないのです。知らない世界は怖いから、あなたに「やめろ！」と言っているのです。

そのときあなたは、「そもそも相談する相手を間違えていた」と気づくべきです。宇宙飛行士になる相談なら宇宙飛行士にしなければいけないし、お金持ちになる相談なら、お金持ちにしなければ何もわかりません。

そんな簡単な事実を見過ごして、全く理解していない家族や友人に相談し、せっかくの夢を諦めてしまった人を僕はたくさん目にしてきました。

今はＳＮＳもあるし、成功した人のセミナーもたくさん行われています。相談できる機会はたくさんあります。くれぐれも、相談する相手を間違えないようにしてください。

POINT

身の回りのドリームキラーに相談しても足を引っ張られるだけ。相談相手はその世界を知る人を選ぶべき。

28 テクニックとマインド、先に必要なのはどっち？

◎知識より気持ち

何かをやり遂げたいと考えたときに、テクニックやノウハウといったものとマインド、どちらが大切なのか、そんな質問を僕はこの10年ずっと受け続けてきました。僕の結論は、マインドです。

マインドこそがすべての基本になると思います。

しかし、初心者の人は新しいことを始めるにあたって、テクニックやノウハウというところに目がいきがちです。

最初の1年間、テクニックやノウハウを一生懸命学んだ人と、同じ期間、マインドについて学んだ人がいたとしたら、僕の経験から言うと、その後2年目、3

年目と時間がたち両者を比べたときに、マインドを身につけた人のほうが断然いい結果を出していることが多いと感じています。

もちろんまれに、テクニックやノウハウだけを身につけた人が成功するケースもあります。

しかしそういうケースでも、その後長い間お金を稼ぎ続ける人は、その成功をきっかけにしてマインドを学ぶことが出来た人に限ります。

◎約4％のお金持ちになることのできる人とは？

今、世の中で、年収が1000万円以上の人は、全体の4％と言われています。

その4％の人たちとはどういう人なのでしょう。

僕がその人たちと話していて感じるのは、「前向き」であったり、自分の中で常に「何かをしよう」という課題意識を持っていたり、目標を持って楽しんでいたりという共通部分があるということです。

それこそがマインドの部分なのです。

給与所得者の構成費（男女）

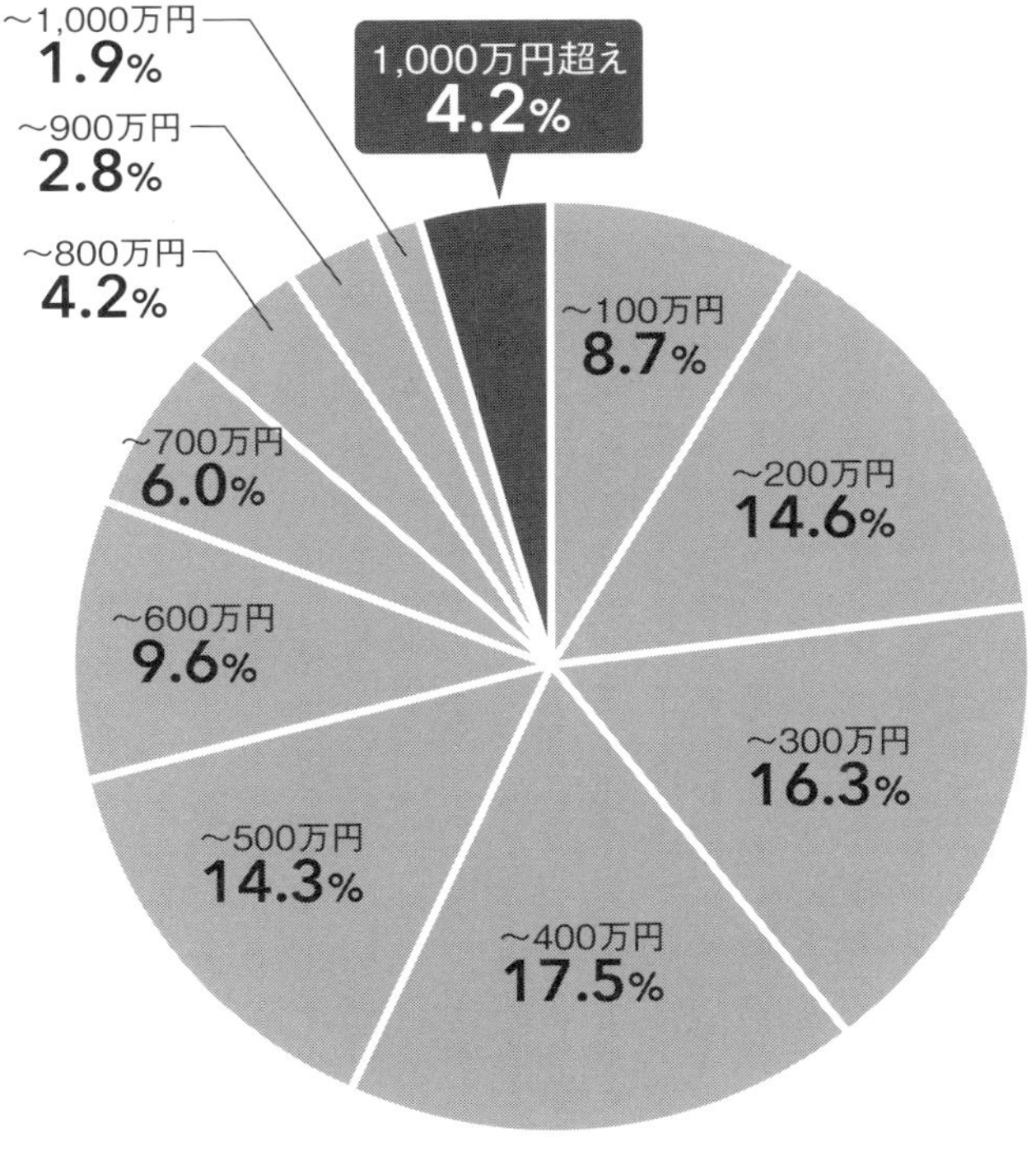

出典：国税庁「平成28年分　民間給与実態統計調査結果」給与階級別分布

マインドを積み上げていくことによって、人は成長していきます。そしてそのマインドに支えられて、成功するまでに出会う様々な課題を解決していくことが出来ます。

「うまくいき始めると一気に成功しますが、そこに至るまでの、うまくいかない時間はずっと続いていくように思えるもの」

これは僕がいつも生徒さんたちに言う言葉です。

多くの人は、成功の前に存在する、うまくいかない時間に耐えられなくなり、途中で諦めたり、自分で線を引いてやめてしまいます。

成功には確実なタイミングはありません。ここまでやったら必ず成功するというラインもありません。一気に成功へと駆け上がる瞬間は人それぞれでタイミングが違います。

生まれてきた環境が違ったり、生きてきた経験も違う。人との出会いもそれぞれに異なります。到達したい高さに、1年でたどり着く人もいるし、3年でたどり着く人もいます。

つまり成功するには、成功するまでやり続けるしかない。その継続を支えてくれる最大の味方がマインドなのです。

自分が今、どういうマインドでいるのかを常に意識してください。

強い意志をもって始めたチャレンジでも、続けていくうちにモチベーションやテンションがどんどん下がってきます。

そこで誰か他の人のせいにして諦めたり、やめる理由を探して自分を納得させてしまうのも、マインドの問題です。

皆さんはお金持ちになって人生を変えたいと思っています。その目標を常に忘れず、念頭においてほしい……。

極端に言えば、テクニックやノウハウはどうでもいい。マインドの部分だけを意識し続けていけば、それだけでも人生は変わります。そのくらいマインドは大切なものなのです。

◎マインドを変えるために

マインドを持つ、変えるというのは人そのものが変わるということなので、時間もかかります。僕が思うに、マインドを変えてくれる最も大きな力は、人との出会いです。人は他の人と出会うたびに変わっていきます。自分だけの力では、なかなかマインドを変えることは難しいと思います。

何をするにしても、そこには常に人が絡んでいます。本を読んだりテレビを見たりすることでマインドが変わることもありますが、外からの力が加わるという点では、それも人との出会いと同じ性質のものだと言えます。

僕の場合も、出会いによってマインドが大きく変わりました。ネットで成功してお金を稼げるようになったとき、周りにいる人がガラッと変わりました。お金儲けをしよう、という人ばかりになったのです。

すると自然にやることが決まってきます。

とにかくやらなきゃいけない。一緒にいる人たちと同じようにやっていこうと思ったら、その時点でマインドは変わっています。この人たちにいいところを見せないといけない。そんな感覚もあったと思います。

そうすることで、情報の見つけ方、人との接し方、出会い方、すべてが変わりました。

そして、その輪の中の中心になり、この人たちに対して何かを教えよう！　と思ったら、さらにマインドを変えなければならなかった。僕の成長も、すべて人との出会いによって起こりました。

POINT

人と出会い、刺激を受けることで、情報の見つけ方、人との接し方、出会い方、すべてが変わる。

¥ 29 すべての情報には理由があると思え！

◎溢れる情報をいかに受け取るか？

ネット上には情報が溢れています。

その多くの情報をあなたはどのように受け取るのか。これは今後ネットでビジネスを行ってく上でとても重要なことです。

たとえばインターネットで検索すると、すごく便利でいい情報がたくさん表示されます。そして知りたかったことの答えも簡単に見つかります。

しかし、そこに出てくる情報を、すべてよいもの、正しいものとして、少しも疑わず、情報を受け取ってしまう人がとても多い。これは問題です。

たとえばビデオカメラや車、テレビなど、いろんな家電製品のレビューサイトがあったりします。試しに検索していただければおわかりいただけると思いますが、ほとんどの商品に対して、通常の紹介と並んでネガティブな情報が必ず存在しています。

芸能人の情報などは特にそうですね。名前を検索すると、褒める内容より、むしろネガティブな情報のほうが多く表示されたりします。

こうしたネガティブな情報がネット上に多いのには理由があります。それは人間がネガティブな情報を欲しがっていたり、そんな情報に興味を持つ傾向が強かったりするからです。

◎すべての情報には理由がある

たとえば誰でもいいのでお金持ちの有名人をネットで検索してみてください。すると、たくさんのマイナスな発言や記事など、ネガティブな情報が出てきはしないでしょうか。

なぜ、ネガティブな情報ばかりが溢れているのか。

それは、人や出来事を語る場合、悪く語るほうが簡単に興味を引けるし、面白おかしく書くことができるからです。

多くの人が日常的に目にする、Ｙａｈｏｏ！ニュースのトップ記事でさえ、そんなネガティブ情報が溢れています。

確かに悪口は読んでいて面白い部分があります。

しかし、そんなネガティブな情報を目にしたとき、楽しむだけでなく、必ず考えてほしいことがあります。

それは、そのネガティブな情報がいったい何のために発信されているのか、なぜこのようなことをわざわざ書いているのか、という点です。

◎ネガティブ情報の裏を読め

繰り返しますが、人はネガティブな情報に惹きつけられやすいものです。

たとえば僕が皆さんに提供している様々な動画があります。皆さんがお金持ちになるためのマインドやノウハウについて、本当のことだけを丁寧に説明していると自信を持っています。

しかし、その動画を見たあと、僕の名前を検索すると、「パンダ渡辺　詐欺師」などという言葉が表示されたりします。

そうなったとき、皆さんはどう感じられるでしょうか。たぶん多くの人が「動画の内容はよかったけど、そうか詐欺師か。うまい言葉に騙されなくてよかった」そう思ってしまうはずです。

そんな心理状態のときに、「こちらが本当に稼げる方法です！」という情報が一緒に書かれていたとしたらどうでしょう。

そちらの情報を信じてしまうのではないでしょうか。

僕の知っている限りでも、こうしたネガティブ情報を流す手法で月に数千万円を稼いでいる人が何人もいます。

残念なことですが、こうしたネガティブ情報を使った手法をネット上で目にするのは、日常茶飯事。言ってしまえば、iPhoneを叩いてアンドロイドを売る、そんな販売方法です。

皆さんはこれからお金持ちになるために、今まで以上に多くの情報に触れるようになります。そのとき、すべての情報には意図、目的が存在するということを、ぜひ忘れずにいてください。

情報を鵜呑みにせず、必ずなぜその情報が書かれているのかを考えるようにしてください。

ネットで稼ごうと思ったら、その視点はとても重要になってきます。

POINT

ネガティブ情報の裏を読み、選別する目を持てば、正しい情報は手に入る。

30 判断基準は常にプラスか？マイナスか？

◎プラスとマイナスの基準

それは自分にとってプラスかマイナスか。僕はすべての行動において常にこの判断基準を頭に置いています。

このプラスかマイナスかという基準は、決してお金の損得や、メリット、デメリットではありません。その行動が、自分の今の目的に対してマイナスかプラスか、という基準です。

たとえば、悪口に対して感情的に言い返す。これはマイナスです。そんな言葉には関わらないのがプラスです。

言い返す！　やり返す！　怒りを覚えて起こすアクションはすべてマイナスと

考えてもいいでしょう。

先にも書きましたが、僕が考えるプラスとマイナスの基準とは、他の人がどうだ、ということではなく、自分自身の行動が、プラスかマイナスかということです。多分この感覚を理解していただくためには、僕がプラスと感じること、マイナスと感じることについていくつか例を挙げるのがよいかもしれません。


たとえば僕のように表だって名前を出すと、その代償としていろんな誹謗中傷や風評にさらされます。そんなとき、その情報にまともに関わることが僕にとってプラスかマイナスかで判断します。

そういう風評をそのままにしておくのはマイナスの部分もあるかもしれません。しかし、そこに関わることが自分にプラスかマイナスかということを考えます。心ない風評を打ち消す作業に多くの自分の時間を使うことで、皆さんのために使う時間が少なくなる。それは僕にとって大きなマイナスです。だったら、そういう情報には関心を持たず、相手に関わらない道を選びます。

自分が口にする言葉についても、僕は常にプラスかマイナスかを考えます。たとえば世の中には、とても短気な人がいます。

短気な人は、何かを読んでムカッとする、聞いたことにムカっとする。そして見たこと感じたことに対して感情的にアクションを起こす。

そういうことを僕はすべてマイナスと判断します。

もし腹が立つことに対してリアクションするなら、相手に伝えるときに怒って伝えるのではなく、相手を立てて伝えるといいでしょう。

皆さんも時には、誰それが自分の悪口を言っている、そんなことが人づてに伝わってくることがあるでしょう。後日、その悪口を言った当人に会うことがあったとしたらどうしますか？　このとき、僕は感情で喋ったりはしません。

「誰それがこんなふうに言っていたんだけど、絶対大げさになってるよね」

そんなふうに話します。すると相手も、

「そうなんだよ、チラッとセミナーで言っただけのものが、ものすごく大きくなって、そちらに伝わったみたいだね」

という会話になる。

これで相手とは、また良好な関係を維持していくことができます。これが僕にとってのプラスの会話です。ここでもし、感情に任せて「この前、変なこと言ったんだって！」とやれば、ほんの一瞬気が晴れるかもしれませんが、すべてはマイナスの結果になってしまうでしょう。

◎人付き合いでもプラスかマイナスかを大事に！

僕はこれまでたくさんの人と出会ってきて、いい関係を築いてきました。

その中でももちろん、あまり話をしない人、仲良くなっていく人、ケンカになりかけた人など様々な形の関係があります。

それでも多くの人と関係がきちんと保てているのは、一時の感情に任せて自分の言いたいことを言うとか、自分は間違っていないとはっきり言う、といったことをしてこなかったからだと思います。

いくら正しい意見だとしても、相手が傷ついてしまうような指摘はマイナス、そう考えてきたのです。

成功するには、人との出会いが大事という話を何度もしてきましたが、人付き合いにおいて、プラスかマイナスかを判断基準にするという考え方はとても大切です。これは、ビジネスでも私生活でもそう。

何か行動を起こそうとするとき、その前に、プラスかマイナスかを考えて、発言する、考える、行動する。そのワンクッションを入れるだけで、あなたにはいいことしか起きなくなります。

◎あなたにとってプラスな人とマイナスな人

ここまで自分の行動に対するプラスとマイナスの話をしてきました。実はこのプラスとマイナスの考え方は、付き合う相手を判断する上でも大切なポイントになってきます。

たとえばあなたが、「これをやりたいんだ！」と発言したとき、否定してくる人はあなたにとってはマイナスの人です。

人が嫌なことを「わざわざ」言ってくる人もマイナスです。

具体的にはあなたがしている時計を「安っぽいですよね」とわざわざ言う人。あなたが美味しく食べているものに対して「美味しくなさそう！」と言う人など。

もちろん思うのはそれぞれの自由ですが、それを口に出して言う必要があるのか。口に出して言った場合、相手がそれをどう受けとるのか。必要がないことをわざわざ言う人、それは明らかにマイナスな人です。

マイナスのことを言っている人の周りには、マイナスに反応する人が集まってきます。ですから、その相手一人と付き合うことが、もっとたくさんのマイナスな人を引き寄せてしまうことにもなります。

そのようなマイナスな人と付き合うことは、絶対にやめておいたほうがいいでしょう。

POINT

行動を起こす前に、プラスかマイナスかを考えるワンクッションを入れると、いいことしか起きなくなる！

31

お客が自分を神様だと思うのは間違い

◎お客様マインドはマイナス

よく「お客様は神様だ！」という言葉を誤解して行動している人がいます。お客様はお金を払っているのだから何をしても許される、最優先！　そんなふうに本気で思い込んでいる人たちです。

ここで、勘違いしてはいけないのが、「お客様は神様！」と言っているのは、お客様側ではなく、お店側だということ。お店側が、お客様への姿勢としてそういう言葉を使っているのであって、お客側が自ら、自分が神様だと言っているものではありません。

たとえばファミレスから高級レストランまで、色んな種類のレストランがありますが、僕はどんなレストランに行っても、怒るとか威張るという態度をとることはありません。

たとえば水をこぼされたとか、料理に何か入っていたとか、そういうことが起こったときにも怒るようなことはありません。このような瞬間にどういう対応をとるのか、これは非常に大事なことです。

水をこぼされた。

それに対して「何やってんだよ」と怒るのか。

それとも「まあまあ、大丈夫ですよ」と、対応するのか。

こぼしてしまった事実がなくなることはありません。であれば後者のように受け止めたほうが、その後の食事をより楽しめるのではないでしょうか?

僕が接している成功者の方々、本当に尊敬できる方々も、こうした場面で怒るということは絶対にしません。

しかし、自分のことを「お客様」と思っている人は、間違いなく怒ります。少し態度が悪ければ「こっちは金払ってんだよ!」と必ず怒りだします。

僕のスクールにおいても、まれにこうした勘違いをされている人がいます。自分はお金を払っている大切なお客様であると。

もちろんそれは間違いではありません。

しかしお金を払っているんだ！　という意識で付き合っていれば、相手はお金をもらって付き合っているんだという意識にならざるを得ません。

特にお金をもらって、様々ある大切なことを伝えようという関係においては、こうした意識は大きな障壁になってしまいます。

僕はスクールの中で生徒さんに対していろんなサポートを行っています。こうしたやり取りの中で、こちら側が「こういうふうにしてください」と伝えたときに、お客様マインドが強すぎる人は、「自分は今までこうだったから違うんじゃないか」などと言いだします。レストランで店員の態度が悪いのを指摘するような内容で「そういう言い方はないだろう！」と言いだす人もいます。

自分がお客様と思っていることで反発してしまうと、うまくいっている人、これからあなたに様々なことを教えようとしている人が、本音で教えられなくなってしまいます。

全くもったいない話だと思いませんか？

僕は、自分の生徒さんとはお互いに同じ立場として、真剣にやり取りしています。ただのお客様として考えることはありません。そこで、相手がお客様扱いを望んできたら、伝えられることが限られてしまいます。

自分はお客様なんだぞという人は、その意識を捨てない限り成功からはどんどん遠ざかっていくと思ってください。

◎日常生活でもお客様マインドを捨てるべき

このお客様マインドの話は、前項でお話しした「プラスかマイナスか」という話にも通じるところがあります。

お客様マインドを持っていることがプラスかマイナスか。

僕のスクールに参加している人が、お客様マインドを持っていることがプラスかマイナスかは、先の話でもうおわかりですよね。

この考え方は生活の多くの場面でも当てはまります。

高速道路でお金を払う。電車に乗る。スーパーで買い物をする。なんでもそう。スーパーの買い物をしているときに、レジを打つのが遅いとか、もたもたしている人がいたとしたら、そこでお客様マインドむき出しに非難したり、相手をイライラさせるような態度をとることがプラスなのかマイナスなのか。

あらゆる場面で、これはプラスなのかマイナスなのかをぜひ考えてほしいと思います。お客様マインドのマイナスな部分に気づくことが出来れば、あなたの行動もすべて変わってきます。

お客様マインドを捨てる。ぜひとも意識してください。

POINT

自分は客なんだぞという意識を捨てない限り、成功からはどんどん遠ざかると心得よう！

¥ 32 成功する人は「できない理由」を考えない

◎成功者の共通点

僕自身も含め、今、ネット業界で活躍している人の考え方をあまり語ることはないのですが、ここでは、それをお話ししようと思います。

それはつまり、成功者の視点を語ることでもあります。

なかなか一口に成功者の視点を語るのは難しいと思うのですが、敢えて一言で言えば、成功者は「できない理由を考えない」。僕はここに成功する人としない人の大きな違いがあると思っています。

成功した人の視線は「できる」に向いていて、そのためにはどうすればいいのかを常に考えています。

たとえば、あなたは今東京に住んでいます。そして、僕から突然オファーが入るとしましょう。

「明日は読者全員、那覇空港で会いましょう！」と。

さあ、考えてみてください。連絡をもらった翌日に那覇空港です。

おそらく多くの人が明日の予定を考えます。明日行けるか行けないかを考える。そして99％の人がこないでしょう。

「明日は仕事がある」など行けない理由を思い浮かべ断念します。理由など考える以前に、明日なんてダメに決まっていると判断してしまう人も多いかもしれません。

そこなのです！　皆さんがムリと思った事柄も、気持ちの持ち方でいくらでも変わります。

たとえば、明日那覇へ行く。そうしたら那覇ですごい人が待っている。ずっと尊敬していたすごい成功者に会える。あるいは一生会うことはないと思っていた憧れの人が待っている。

そう言われれば明日予定がある、なしではなく、どうやったら行けるか、どうやったらできるかを考えるようになるでしょう。

普通の人はそれでも「お金もないし」「きっと今からじゃ間に合わないし」「予定もあるし」「家族もいるし」「仕事もあるし」「子どもも迎えに行かなければならないし」と考えるかもしれません。

しかし成功している人は、どうすればできるかをまず考えます。そして、できる理由を考えます。

「こうすれば明日、那覇に行ける」「この前手配が間に合ったんだから、今回だって大丈夫」と、明日は那覇、と言われたとたんに考えるのです。

◎「できない理由」は成功の足かせでしかない

今置かれている環境の中で、できない理由ばかり並べている人は、成功しようとしている場面でも、できない理由を考えてしまうものです。こうなると手に入る成功でさえ、「できない」理由によって見送られてしまいます。

しかし、普段から何か言われたときに「やります」「できます」「やってみます」ということを繰り返している人は、ブログであろうが、ＡＳＰ登録であろうが、最初わからないことばかりでも、全部「できる」「やります」で突き進んでいきます。

その結果、最後にできなかった！ という結果が待っているかもしれませんが、とにかく「できる」と思って頑張る。そうすることによって、全くやっていない場合と比べ、絶対に状況はプラスに傾いていきます。

◎解決方法はぜんぶ自分の口から出ている

たとえば１００ｍを12秒で走りたい。そんな、あなたにとってほぼ不可能と思える課題が提示されたとしましょう。

あなたはそのとき何を考えるでしょうか？

「そんな体力がないからムリ」

「体力をつけるにしたって、そもそも時間がない」

「コーチを雇うお金がない」

きっと、このようなできない理由を並べるはずです。

お気づきですか？　あなたはもうすでに自分の口から、どうやったら１００ｍを12秒で走れるかを、逆の言葉ですべて提示しているのです。

体力がないのなら、体力をつければいい。

時間がないのなら、時間をつくればいい。

コーチを雇うお金がないのなら、お金をつくればいい。

そうすれば、１００ｍを12秒で走ることはどんどん実現可能なものとして近づいてきます。

そうは言ってもお金のつくり方なんてわからない。あなたはさらにそんなことを考えるかもしれません。しかし「できる」と思えばいいのです。わからないなら、お金のつくり方を調べ、研究すればいいだけの話です。

どうやったらお金をつくることができるのか。

どうやったら時間をつくることができるのか。

少なくとも、「１００ｍを12秒」と言われ、即座に「絶対ムリ」と答えていた過去のあなたとは、これだけで大きな差があります。

たとえ最後に実現しなかったとしても、あなたには、体力をつけ、時間をつくり、お金をつくり出したという貴重な体験が残ります。

たとえばネットでお金を扱うのが怖い。そう思ったら、まずはお金を稼ぐ前に、ネットのことを知らなければいけません。だったら、きとんと納得するまで調べればいいだけの話です。

実際僕は、ネットでビジネスを始める前、3か月の時間を使って徹底的にネットの世界、そこで行われているビジネスのことを調べました。

昔、お金を得る前によく言われました。目標を持ったなら、それを掘り下げていきなさい！　と。いきなり「できない」と思うのではなく「どうしたらできる」「できる方法は？」と考え、課題を分解していく。これが、これからお金を稼いでいくあなたに必要な考え方です。

また、自分を否定し、変えていくためにもう一つ大切な方法があります。

それは、これまで何度かお話ししてきているように、「輪の中」に入り、「できる人」と一緒にいることです。

周りの人が当たり前のようにそれができたら、あなたも当然のようにやらざるを得なくなります。

成功者は「できない理由を考えない」。

あなたもぜひ意識してみてください。

POINT

絶対にムリと諦めず、できる方法を考え、動いていけば、たとえ目的が達成されなくても貴重な体験は確実に残る！

¥ 33

言霊を大事にする

◎言葉に出したものは現実になる

僕はネット業界に入ってから、言霊という言葉を知りました。そして言霊がすごく大事だ、ということをこの10年、とても強く感じています。

そもそも言霊とは何か。それは自分の発した言葉がすごい力を持っているということです。

実際、僕もそうですし、僕の周りの成功者も、いつもそう思っているはずです。それは彼らの口にする言葉を聞いていればすぐにわかります。

僕がこれまで会ってきた、成功の過程を登っていった人、そしてまだ成功はしていないけれど、成功の過程を登っている人もすべてそう。自分の口から出る言葉を非常に大切にしています。マイナスなことは絶対に言いません。出てくる言葉はすべてポジティブ、プラスなことばかりです。

実際に、不安な気持ちがゼロであることなどありえません。不安もあるし、心配にもなります。でも、それを言葉にはしません。不安を言葉にして出せば、本当に起こってしまうからです。

皆さんも、心の底から自信を持ったり、不安に思わない、ということは難しいと思います。しかし、絶対に言葉にだけはしないでほしいと思います。

たとえば僕が皆さんに「10日以内にフェイスブックの友達を5000人に増やしてください」という課題を出したとしましょう。

ほとんどの人が、その課題に対して、

「え？　ムリだよ」「できないよ」「難しいな〜」

と頭の中で考えてしまうし、それを言葉に出してしまうでしょう。

しかし、成功する人、うまくいく人というのは、「10日でフェイスブックの友達を5000人にしてください」と言われると、

「はいわかりました！　やります」

「根拠は？」

「ないです」

そんな会話になります。

絶対に「できない！」とか「難しいです」という言葉を使いません。

◎前向きな姿勢がお金を運んでくる

言葉に出すということは、周りに聞こえるということでもあります。

すると、口に出してしまったことに対しては、やっていかなければいけないという責任感が芽生えます。

多くの人はその責任感というものを嫌がります。だから「やれる」となかなか口にしないのです。

しかし、考えてもみてください。何事に対しても「できない」という言葉を口にする人に対しては、「この人に言っても無駄かな」と思ってしまいませんか？

逆に、常に「わかりました、やってみます！」という人に対しては、ついつい期待してしまところがないでしょうか？

前向きな姿勢は、お金を稼ぐ上で本当に大事です。

先の課題ではないですが、「10日で友達を5000人に増やしてください」と言われ、チャレンジしてみて、実現できなくても、「何がいけなかったのでしょうね？」「これからもうちょっと友達を増やせるようにしていきます！」と前向きなことを言われれば、教えるほうもいくらでも方法を教えたいとなってきます。

そういう人が、たとえ時間がかかったとしても、必ず5000人の友達を集め、お金を稼げる人になるのです。

POINT

「できる」とあえて口に出し、やっていくことで、どんどんできることが増え、状況はプラスに向かっていく。

34 天国言葉で自分を洗脳する

◎天国言葉を使ってみよう！

言霊のようにスピリチュアルな話はなかなか受け入れられないという人もいることでしょう。

ただ受け入れられないという部分が、今のお金持ちになれない自分を形づくっているということをしっかりと意識してほしいと思います。

僕が大好きな成功者、斎藤一人さんも常々この言霊について講演会などで触れられています。

あの日本一の納税者と言われた斎藤一人さんです。

「ついてる！　と言い続けることで本当についている人生を送ることができる」

僕は斎藤さんのこの言葉に感銘を受け、初めて言霊という言葉を知ることとなりました。

たとえ気持ちが伴っていなくても、プラスの言葉を繰り返し口にすることで、気持ちや状況があとからついてくる。

そのように斎藤さんは仰っています。

また、斎藤さんは、プラスの言葉を「天国言葉」、マイナスな言葉を「地獄言葉」と表現されています。

その天国言葉を口癖にして斎藤さんは億万長者になられました。

この天国言葉を口癖にしていると、相手にもそのプラスの言葉の波動が伝わって、いつの間にか自分も相手も気持ちがプラスになっていく。

まさに、スピリチュアルな表現ですが、僕自身素晴らしい効果を感じているので少し紹介しておきましょう。

天国言葉と地獄言葉

天国言葉

愛してます
ついてる
うれしい
楽しい
感謝してます
しあわせ
ありがとう
ゆるします

地獄言葉

恐れている
ついていない
不平不満
愚痴・泣き言
悪口・文句
心配事
ゆるせない

一つひとつが具体的な天国言葉に対して、地獄言葉はとても範囲が広い、そう思いませんか？

それだけ僕たちは地獄言葉、つまりマイナスな言葉を使いやすい環境で毎日を暮らしているということなのかもしれません。

POINT

「地獄言葉」をつい使ってしまうマイナス環境にいる人は、強く意識して「天国言葉」を使ってみよう！

¥

35 行動してから考える

◎まずはとにかく「やってみる」

これはネット特有の話かもしれませんが、僕は何かビジネスをやろうと考えたとき、行動してから考えるということをいつも意識しています。

いいかな？　悪いかな？　これはどうかな？　大丈夫かな？　などなど、世の中には、何かを判断する場合、考えるばかりで手が止まってしまい、全然動けないという人が結構います。

僕の場合、「これどうかな？」と思ったら、まずやってしまいます。

勉強でもそうですし、スポーツやビジネスでもそう。

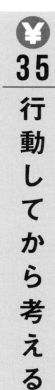

同じスタートなのにどんどん遅れてしまう人。

あとから始めたはずなのに、すぐに追い越していってしまう人。

このような人が身の回りにいたりはしないでしょうか？

そして、これらの違いは何なのか考えたことはあるでしょうか？

人を追い越しどんどん先に行ってしまう人と遅れてしまう人の違いは、基本的に行動してから考えるかどうかという点にあります。もちろん、どんどん先に行ってしまう人は行動してから考えるタイプです。

皆さんにも、サイトタイトルってどうかな、フェイスブックで友達申請、メッセージ送ったほうがいいのかな、などと迷ったときには、とにかく行動する。そして、何かしらの結果が出るように動いてみてほしいと思います。

悪い結果がでたらそのときは、「なぜ？」と考える。いい結果が出たらそのままどんどん突き進む、そんな動き方をぜひ意識してください。

◎失敗の引き出しを増やす

行動し、その結果から次を考えよう、というやり方を実践すると成功するスピードは格段に速くなります。

ただし、そのやり方には必ず失敗もついてまわります。行動してから、すべてうまくいく人というのは、本当に少数の天才か、もしくは恐ろしいほどの強運の持ち主しかいません。

僕や周りの成功者の人もそうですが、成功している人は、とにかく行動して壁にぶつかったり、失敗したりしたときに、懸命に次の策を（自分で）考えるということを繰り返します。

「なぜ、失敗したのか？」

「どうすればよかったのか？」

「この状況を挽回する手立てはないものか？」

「これからできることは何だろう？」

これらを真剣に考える。その経験はすべて自分のものとなります。つまり、行動してから考えるという癖をつけていくと、どんどん自分の経験を積み上げられ、マインドも鍛えられるし、スキルの引き出しも増えていくというわけです。

逆に、うまくいくかどうか、これは大丈夫ですかと、常に安全を確認してからやるようなことが積み重なっていくと、もし想定外のことが起こったときに、失敗したときの引き出しが少なすぎてそれに対応することができません。

よしんばうまくいっていても、それは運がよかっただけであって、次にまた想定外なことが起こったときには対応に困ることでしょう。

◎指示待ち人間にお金稼ぎはムリ

何度も言いますが、お金が欲しいなら、とにかく行動、何事も自分でやってみてください。

以前、こんなことがありました。

「フェイスブックを開設しましょう！」そんな課題を出したときの話です。

その人は開設の手続きを問題なく済ませましたが、いつまでたっても彼のフェイスックには何もアップされません。

「どうしたんですか?」と聞くと、「内容を書き込んでください!」という連絡を待っていたというのです。

考えてもみてください。ネットビジネスを始めるということはこれから自分でお金を稼いでいこうとすることです。会社で言えば、社長です。そのような人が、言われるまで待っている、それこそ問題です。

今日から会社を始めました。

でもコンサルを受けているから、仕事は始めていません。

社員も待たせておきました。

いつになったら説明してくれるんですか!

と待っている社長なんて社長とは言えないでしょう。そんな会社はすぐにつぶれてしまいます。

◎始めてみないとわからないこともある

「30歳代に向けて、どんな配信をしたら友達を増やせますか」

「どんな情報を流したら人気が出ますか」

こんなことを質問されても、僕は答えることができません。というか答えても意味がないと言ったほうが正確でしょうか？

確かに僕は、皆さんに様々な情報を提供して、たくさんのファンを獲得してきました。でも、僕とこれからビジネスを始めようとするあなたたちとは、生きてきた環境も、相手にする人たちもそれぞれ違います。

何が言いたいのかというと、自分のフェイスブックを見にきてくれる人が好む情報は、誰かに言われるのではなく、自分で見つけ出すしかない、ということです。あなたのフェイスブックを見にきている人の属性は、そこにしか存在していません。

その人たちが好む情報は、あなた自身が何度も試し、検証していくことで、見つけていくのが成功の近道なのです。

だからこそ、いいと思ったことはとにかくやる。迷ったことでもやってみる。

この気持ちを大切にしてほしいと思います。

POINT

「これどうかな？」と思ったら、まずやってみる。
この精神で、トライアンドエラーを繰り返し、成功をつかめ！

おわりに

いかがだったでしょうか？

お金持ちになる方法を、何となくでもつかんでいただけたならうれしいです。

あとは、実行するのみ。その中から、多くを学び、その学びを自分なりの引き出しとして定着させ、さらに前進していけば、あなたはきっとお金持ちになることができるでしょう。

では、最後にここまで読んでいただいた皆さんへのお礼として、お金持ちになるための引き出しをどんどん増やす、とっておきの方法をお教えし、この本の終わりとしたいと思います。

そのとっておきの方法とは「人に教える」ということです。

僕は常々「人に教えることは最高の学びだ」と言っています。

たとえば僕がブログを始めた頃は、本当に何の知識もありませんでした。にもかかわらず僕は、質問メールに返信する形でブログのやり方とか、ノウハウなどを人に教えていました。

どうしてそんなことができたのか？　それはネットで調べ、教えてあげていたからです。「はい、その通り」。まさに人の受け売りです。

しかし、これには、二つの利点があります。一つはわからないことを教えてあげることで、相手は僕に感謝してくれます。

そしてもう一つは、人に教えるために調べることで、自分がわからなかった知識を身につけることができるということです。

こんなことを当時の僕は頻繁に繰り返していました。そうすることで、インターネットやビジネスに関する僕の知識は膨大に増え、それと一緒にファンも増やしていけたのです。


僕はアフィリエイトを始めてから3か月で１００万円の収入を得ることができました。そして、１年もかからずそれまでの年収であった３００万円を月収としてコンスタントに稼げるようになりました。誰もが「ロケットスタートですごいですね」と言ってくれます。今振り返ると、そのスピードの原動力となったのが「人に教えること」であったと言っても過言ではないかもしれません。

僕は、スクールで教えるようになった今でも、生徒さんや関わりのあるいろんな人に、わからないことがあったら何でも聞いてくださいねと言っています。

そして、調べないと答えられないような質問があったとき、しめしめと思うのです。本当にわからないこと、調べてもわからないことは正直にわからない、そう答えればいいだけの話。

ですから皆さんもぜひ、人に教えながら、多くを学び、ファンを増やし、お金を稼いでいってください。

『お金が欲しい！！！』。心からそう思うあなたを、僕は応援します！

２０１８年７月

パンダ渡辺

著者紹介

パンダ渡辺（渡辺雅典）

株式会社パンダ代表取締役。
インターネットビジネス業界のレジェンド。
2006年、メルマガ創刊からたった3か月で100万円のキャッシュを生むというロケットスタートで、インターネットビジネスの世界に殴りこむ。同年夏には、光速とも言えるその成功のノウハウをまとめた情報商材で一躍スターアフィリエイターに。超初心者向けに作りこまれたマニュアルと、神レベルのサポートで、超初心者からの成功者を続々と輩出。サポートの手厚さは、インターネットビジネス業界では随一と評される。現在、5000人以上のファンが所属するコミュニティを持ち、業界に多大なる影響力を発揮している。
著書に『1%の人だけがやっている　会社に「使われない人」になる30のヒント』（講談社）、『応援力』（ゴマブックス）、『夢叶力』（共著／ゴマブックス）がある。

出版プロデュース／株式会社日本経営センター
出版マーケティング／株式会社BRC

お金《かね》が欲《ほ》しい!!!
年収《ねんしゅう》300万円《まんえん》だった僕《ぼく》が1年《ねん》で
月収《げっしゅう》300万円《まんえん》を稼《かせ》げるようになったネット術《じゅつ》

〈検印省略〉

2018年　8　月　21　日　第　1　刷発行

著　者――パンダ渡辺
発行者――佐藤　和夫

発行所――株式会社あさ出版
〒171-0022　東京都豊島区南池袋 2-9-9 第一池袋ホワイトビル 6F
電　話　03（3983）3225（販売）
　　　　03（3983）3227（編集）
F A X　03（3983）3226
U R L　http://www.asa21.com/
E-mail　info@asa21.com
振　替　00160-1-720619

印刷・製本（株）ベルツ
乱丁本・落丁本はお取替え致します。

facebook　http://www.facebook.com/asapublishing
twitter　http://twitter.com/asapublishing

ISBN978-4-86667-093-5 C2034